LES LIMITES DU TSUNAMI HUMAIN

Légitimation et libre arbitre

Louis Moreau de Bellaing

CIP a Camerei Naționale a Cărții

Moreau de Bellaing, Louis.

Les limites de tsunami Humain : Légitimation et libre arbitre / Louis Moreau de Bellaing. – Chișinău : Generis Publishing (Online Marketing Group), 2020 (Print on demand). – 98 p.

ISBN 978-9975-3421-2-4.

316.6:32

M 89

Cover Image: www.pixabay.com

Online orders: www.generis-publishing.com
Orders by email: info@generis-publishing.com

SOMMAIRE

Introduction

Quand le tsunami se produit, il envahit un rivage. Les baigneurs et les baigneuses sont sur le sable, tranquilles, en train de dormir, de rêver ou de bavarder entre eux. Ils sont brusquement recouverts par une énorme vague qui déferle sur eux et les tue.

Voilà un phénomène naturel terrifiant auquel des riverains de la mer ou d'un fleuve remonté par les marées ne peuvent pas s'opposer. Ils n'ont, le plus souvent, même pas le temps de s'enfuir, comme on le voit sur les images d'actualités en Thaïlande ou au Japon.

 Un tel phénomène destructeur a-t-il quelque chose à voir avec un phénomène humain? Non, puisque les êtres humains ne peuvent ni le provoquer, auquel cas ils ne sauraient comment l'arrêter, ni le bloquer lorsque, malgré eux, il se produit.

Mais l'image du tsunami permet, à un certain niveau, de se demander comment les êtres humains ensemble et/ou seuls, individuellement ou en commun, peuvent en arriver à agir, en tuant, en blessant, en nuisant. Et cela, tout en se justifiant, de toutes less manières, de le faire.. On peut se demander également comment des êtres humains en assez grand nombre peuvent eux-mêmes se tuer, se blesser, se nuire, se détruire collectivement et individuellement. Enfin demeure à s'interroger sur ceux, celles qui subissent les meurtres, les blessures, les destructions, les nuisances et sur les manières dont, collectivement ou/et individuellement, ils les justifient ou non.

On pourrait penser que le tsunami humain, qui pousse les êtres humains à détruire et à se détruire, échappe, comme le tsunami naturel, à leur contrôle. Il semble pouvoir se déployer brutalement. Il fait d'autant plus agir dans un acte destructeur que la représentation anticipée de l'acte, l'avant-acte est vécue comme devant s'accomplir au nom de justifications préalables apparemment nécessaires et irréfutables.

Pourtant, il semble bien que, lorsque ce tsunami humain menace une personne ou en pousse une autre à détruire un autre individu, un être vivant, une chose, à la personne qui agit ou/et à celle qui subit une alerte soit donnée. Cette alerte avertit la personne menacée qu'elle va subir un acte qui se situe au delà de ce qui est autorisé par les lois, les morales et les éthiques elles-mêmes plus ou moins connues de tous et de toutes. Ces lois, ces morales, ces éthiques sont inscrites dans   l'alerte - *le* politique - et ses repères-limites Cette alerte avertit également la personne poussée à détruire un autre individu, un être vivant ou une chose qu'elle va franchir la ligne, la zone rouges et, en agissant, se retrouver   accomplissant un acte qui se place au delà non seulement de celui autorisé par les lois, les morales et les éthiques, mais au delà de l'alerte - *le* politique - et de ses repères-limites..

Le Tu ne tueras point, sauf en cas de légitime défense ou de guerre juste, est commun à toutes les sociétés humaines, en toutes époques et en tous lieux. Celui ou celle qui tue hors de la légitime défense ou hors de l'acte guerrier dans une guerre juste *sait,* par une alerte donnée par soi-même, par un autre ou par d'autres, qu'il est au delà de la ligne, de la zone rouge et que le tsunami humain l'entraine, lui rend possible le meurtre. Mais, de la même manière, toute personne menacée par une autre personne prête à franchir la ligne, la zone rouges, ou toute personne subissant les actes d'une autre personne ayant franchi cette ligne, cette zone, *sait*, par une alerte donnée par elle-même, par un autre ou par d'autres, qu'elle subit un acte et les effets de cet acte situés au delà de ce qui est autorisé par les lois, les morales, les éthiques et *le* politique. Elle sait que l'acte n' est « normal » que s'il demeure en deçà de la ligne, de la zone rouges.

C'est sur cette alerte que l'interrogation nous semble insuffisamment faite jusqu'à maintenant. Dans le passé et dans le présent, des idées exprimées par des paroles, des actes s'accomplissent ou/et sont accomplis en dépassant, les unes et les autres, la ligne, la zone rouges que l'alerte indique aussi bien à ceux et à celles qui parlent et agissent qu'à ceux et à celles qui entendent et subissent. Mais elles demeuraient et demeurent apparemment, pour tous et pour toutes, pour ceux et celles qui agissent et pour ceux et celles qui subissent, dans la « norme » c'est-à-à-dire en deçà de la ligne, de la zone rouges à ne pas franchir. Par exemple, depuis toujours et partout, il a paru « normal » jusqu'à une date récente, pour la plupart des êtres humains, d'inférioriser sinon d'opprimer les femmes, de frapper ou de violenter abusivement, pour les discipliner, les plus faibles ou considérés comme tels : femmes, enfants, vieillards, handicapés physiques et mentaux, de maltraiter des êtres vivants, animaux domestiques ou d'élevage, de détruire des animaux ou des plantes non nuisibles.

Mais est-ce si propice au vivre en commun de frapper les plus faibles, de détruire des être vivants ou des choses non nuisibles ? Entre nous dans les groupes ou entre individus, ou encore entre soi-même et moi-même, de moi-même à moi-même, nous pouvons, je peux m'interroger sur ce que nous sommes, je suis. Est-ce favoriser les relations humaines, les liens et les rapports sociaux et politiques - politiques au sens de l'alerte : *le* politique - de considérer l'autre comme un étranger non semblable à moi-même, à nous-mêmes en aucune façon, ni à ceux que je reconnais comme semblables à moi, à nous ? Notons qu'il s' agit de ceux, rarement sinon jamais de celles, que je reconnais comme semblables ou non à moi, à nous. C'est peut-être là que commence l'étrange étrangeté.

Il y a une autre manière de se détruire et de détruire les autres. A court, moyen ou long terme, je peux, nous pouvons - et il me faudra m'interroger sur ce terme pouvoir - détruire l'autre en l'aimant. Je peux le rapprocher à ce point de nous, de moi, l'assimilant à ce point à nous, à moi que je le prive, que nous le privons peu à peu de son existence propre. Il n'est plus que ce que je veux, nous voulons qu'il soit. La mère qui aime son bébé à ce point que pas une de ses paroles, de ses mimiques, de ses commencements d'actes ne peut échapper à son attention aimante et toujours présente le ramène à ce point à elle-même que, grandissant, il pourra difficilement devenir, être soi, savoir qui il est.

Il peut en être ainsi également lorsque, dans un couple, deux êtres, par exemple un homme et une femme, s'aiment. Un homme aimait à ce point sa femme que, sans même s'en rendre compte, il la séquestrait. Sa jalousie lui faisait éviter, pour elle et pour lui-même, toute rencontre, toute sortie non indispensable. Cela dura un an. La jeune femme tomba malade. Et c'est à l'occasion de son hospitalisation qu'elle se rendit compte - jusque là son amour l'avait rendue aveugle - que l'homme qu'elle aimait la séquestrait, l'empêchait de vivre. Il n'y avait pas eu de violence entre eux. Cette intense surveillance amoureuse, elle la reconnaissait comme une preuve de son amour, sans penser qu'elle-même ne songeait pas à la reproduire vis-à-vis de lui. La révélation brutale, à l'occasion de sa maladie, de sa privation de liberté la plongea dans le désespoir, tout en lui donnant la certitude qu'elle devait se séparer de cet homme qu'elle aimait. Ce qu'elle fit. Après sa rupture avec son mari, elle redouta le paternalisme qu'elle découvrit chez l'une de ses tantes qui se proposa pour l'aider et l'aida effectivement.

Ainsi, dans le tsunami humain, la haine tue, mais l'amour tue aussi. La haine peut engendrer des assassinats, des massacres, des génocides. L'amour peut produire des ruptures, des désespoirs, des vies sans espoir, des morts solitaires au milieu d'autrui, des meurtres. Le tsunami naturel est une grosse vague qui noie tous et toutes sur son passage. Le tsunami humain ce sont de petites, moyennes, parfois de grosses vagues, suffisamment fortes, si elles franchissent la ligne, la zone rouges pour tuer, dans le temps et dans l'espace, groupes et individus(e)s, pour que le groupe tue l'autre groupe, le détruise, pour que l'individu(e) tue l'autre individu(e), le/la détruise.

Au tsunami naturel, dans son déploiement aucune borne n'est donnée. Au tsunami humain, des bornes, des limites sont données - la ligne la la zone rouges -, assorties d'avertissements - l'alerte qui est *le* politique -, aux groupes et aux individu(e)s agissants et subissants. Elle avertit les agissants qu'ils/elles ne peuvent, en un temps et dans un espace donné, aller plus loin vis à vis d'autrui, des autres, d'un autre, de soi-même, des êtres vivants comme les animaux et les plantes, des choses, des objets fabriqués. Elle avertit les êtres humain qu'ils ne peuvent pas se nuire entre eux, nuire aux êtres vivants,, les blesser, les tuer en les faisant souffrir,, qu'ils ne peuvent pas se nuire, se blesser, se tuer. Ils savent qu'ils risquent de commencer à agir, qu'ils vont agir, qu'ils agissent en infligeant injures, coups, blessures, morts lentes - la « mort sociale -, destructions. Ceux et celles qui subissent savent qu'ils risquent de commencer à subir, qu'ils vont subir, qu'ils subissent injures, coups, blessures, destructions.

Au point où nous sommes parvenus, posons trois questions :

Qu'est-ce que le tsunami humain (vague, force, poussée, etc) ?
Qu'est-ce que l'alerte - *le* politique - (repères-limites, idéologies, éthiques, morales, droits,droit, etc.) ?
Qu'est)ce que la ligne, la zone rouges (bornes, limites, degrés d'excès, etc.) ?

Cette troisième question en soulève deux autres :
Au nom de qui, de quoi, à partir de quels repères-limites minimaux, par quels détours groupes et individus peuvent-ils éviter de franchir la ligne, la zone rouges? Pour ceux et celles qui subissent les actes résultant du franchissement de la ligne, de la zone rouges, par quelle alerte peuvent-ils savoir que la ligne, la zone rouges sont franchies et agir pour que ceux et celles qui les ont franchies reviennent, par des actions nouvelles, en deçà de cette zone, de cette ligne ?

Etre humain, c'est, en le sachant plus ou moins, vivre un conflit perpétuel entre les autres et soi, entre soi-même et moi-même, entre nous-mêmes, petits, moyens ou grands groupes. Mais ce conflit amour/haine le tsunami humain - qui nous pousse à la fois à nous,aimer et à nous haïr entre nous et entre soi - a ses propres limites. Ces limites ne sont pas une barrière, un mur. Néanmoins, à un certain degré d'excès, su et connu, à un certain degré de sa manifestation et de l'effet de cette manifestation, le conflit amour/haine - le tsunami humain - se donne une ligne, une zone - la ligne, la zone rouges - à ne pas franchir. Lorsque la ligne, la zone rouges ne sont pas franchies, la vie en commun des petits, moyens et grands groupes et de leurs individu(e)s est produite par eux, en jugulant approximativement le conflit amour/haine - le tsunami humain - qui les travaille. C'est ce qu'on peut appeler les *degrés de l'excès* permis, autorisés, sus, connus, toujours et partout, par tous et par toutes.. Lorsque la ligne, la zone rouges sont franchies, autrement dit lorsque les degrés d'excès permis, autorisés sont transgressés, bafoués, mis au rancart, par les petits, moyens et grands groupes et par leurs individu(e)s, apparaissent des degrés d'excès spécifiés. Ils tentent de détruire la vie en commun ou, au moins, de lui nuire. Mais apparaissent aussi des degrés d'excès globaux non plus spécifiés à un ou des types de société, à des cultures et à des territoires, mais s'étendant jusqu'à menacer l'ensemble de la planète.

Mais comment se constituent les obstacles au franchissement de la ligne, de la zone rouges, les limites qui viennent borner plus ou moins le conflit amour./haine - le tsunami humain - ?

Un certain degré d'excès de réserve, de refus d'un autre, voire d' hostilité, de haine vient limiter, dans le conflit amour/haine - le tsunami humain - le degré d'excès tendant à devenir abusif de solidarité, de compassion, d'amitié, d'aimance, d'amour.. Un certain degré de solidarité, d'amitié, de compassion, d'aimance, d'amour vient limiter le degré d'excès tendant à devenir abusif d'hostilité, de refus d'un autre, d'inimitié, de haine.

Le conflit amour/haine - le tsunami humain - sollicite, dans l'amour et dans la haine, du côté de la haine, de l'inimitié, de l'hostilité, mais aussi du côté de l'amour, de l'aimance, de l'amitié, de la compassion, de la solidarité, les objets humains que nous sommes les uns pour les autres, en groupes ou individuellement.

Il sollicite les êtres vivants - animaux, plantes - que nous présente la nature. Il sollicite aussi les choses, les objets que nous fabriquons. Mais il sollicite surtout, à partir de nous-mêmes, de soi-même, de moi-même, nos, notre, son, mon corps et nos, notre, son, mon, nos cerveau(x).

Ces/ce corps, ces/ce cerveau(x) humain(s), ces objets de la nature - animaux, plantes, - ces choses et ces objets que nous fabriquons sollicitent le conflit amour/haine tant du côté de l'amour que de la haine, avec des degrés d'excès variables et sous des formes diversifiées et différenciées.

En quoi consiste les limites à l'amour et à la haine ? Ce sont les mêmes depuis toujours et partout. Elles sont l'objet de ma réflexion et je tenterai d'en repérer quelques unes, selon moi les principales. Les termes amour et haine sont vagues, mais ils sont nécessaires pour montrer les degrés d'excès en deçà et au delà de la ligne, de la zone rouges.

Je ne prétends pas apporter du nouveau, mais seulement rendre plus explicite ce que tout le monde sait. Modestement, je pense que cette explicitation, ce commencement d'explicitation peut aider, dans le type de société moderne et dans ceux qui font entrer en eux, d'une manière ou d'une autre, la modernité, à vivre mieux en commun. Bien évidemment, la plupart des termes que j'emploie pour désigner notamment les repères limites ont été analysés, depuis longtemps, par les théologies et les philosophies, et, plus récemment, par la sociologie et l'anthropologie. Et, nécessairement, ils continuent de l'être dans les sciences sociales et humaines. Mai ce travail réflexif - destiné, actuellement, qu'on le veuille ou non, à une « élite » dite intellectuelle -, ne dispense pas de saisir, dans une socio-anthropologie qui se veut critique c'est-à-dire tournée aussi vers le subjectif, ces termes désignant les repères)limite comme des « réalités vivantes « sans lesquelles la vie quotidienne aurait été a minima partout et toujours impossible. Quitte à spécifier celles de ces « réalités « qui appartiennent, notamment dans la politique, plus particulièrement au type de société moderne.

Des sacrés ancestraux, de grandes religions sans dieux ni déesses, des religions avec plusieurs dieux et déesses, ou avec un seul Dieu, ont à la fois porté en elles des repères-limites, toujours les mêmes, et, pour certains d'entre ces repères-limites, ont plus ou moins changé leur sens, sans les remettre en cause. Plus récemment, depuis la Révolution états-unienne (1787) et depuis la Révolution française (1789), plus de la moitié des sociétés humaines ont récusé la présence de la religion, on dirait aujourd'hui du religieux, dans l'alerte - *le* politique - et ses repères-limites et dans *la* politique qui est notamment   l'expression publique de l'alerte et de ses repères-limites.

Un repère-limite semble particulièrement important, c'est le don, Le don a une fonction d'enclencheur et de limitateur du conflit amour/haine - le tsunami humain -. Il apparaît comme enclencheur et limitateur dans tous les autres repères-limites, dans tous les sacrés et religions et notamment dans celles avec un seul Dieu. Il apparaît dans le type de société que, faute de mieux, on appelle la société moderne. Successivement, j'aborde la question du conflit amour-haine - le tsunami humain - , celle du social et du politique : le don, notamment le don pour l'échange, les liens et rapports sociaux, celle de la ligne, de la zone rouges, celle de l'alerte - le politique -, celle de la politique, enfin celle de l'excès.

I

L E CONFLIT AMOUR/HAINE :

La question est difficile à analyser. Ce conflit, nous l'avons tous éprouvé et l'éprouvons tous, aussi bien dans la vie courante que dans nos participations professionnelles, sociales, dans les associations et, plus largement, dans nos prises de position vis à vis de problèmes économiques, sociaux, culturels et politiques au deux sens du terme politique, *le* politique et *la* politique. Il est quasiment impossible d'avoir, collectivement et individuellement, des certitudes, d'être sûr de ce que l'on fait et de ce que l'on a à faire, de donner à ses pensées, à ses paroles une assurance telle qu'elle nous persuade aussitôt de la vérité, véracité, véridicité, exactitude de nos pensées, de nos dires et de nos actes.. Nous sommes/je suis le plus souvent non seulement en conflit avec les autres, mais aussi avec soi-même, avec moi-même. avec nous-mêmes. Les autres - leur/mon entourage - sont en conflit avec eux-mêmes, avec nous-mêmes, avec moi-même. C'est bien ce conflit qui nous pousse à penser, à dire et à faire des choix, des décisions. Des coupures provisoires ou définitives sont effectuées dans nos rapports avec autrui, avec d'autres, avec nous-mêmes - le petit groupe -, avec soi-même qui est l'autre en moi, avec moi-même qui suis en l'autre. De la même manière, autrui, les autres, l'autre, nous, soi-même, moi-même, poussés par le conflit amour/haine, font/faisons/fais des choix, prennent/prenons:prend des décisions vis à vis d'eux-mêmes, des autres, de nous et de moi. Ces choix, ces décisions sont des coupures qu'autrui, les autres, l'autre, moi effectuent dans les relations humaines, les liens et rapports sociaux et politiques avec nous et avec moi.

Mais d'où vient ce conflit amour/haine perpétuel - le tsunami humain - ? D'où vient cette poussée contradictoire ? On peut admettre qu'elle vient de mon corps, de notre corps, de la mise en commun de nos corps. Mais, dans ces corps et ce qu'ils nous font produire, ne faut-il pas donner toute son importance, en ce qui concerne le conflit amour/haine, individuellement et collectivement, aux cerveaux ? Ne faut-il pas la donner à chaque cerveau, à la communication du cerveau au corps dont il fait partie, à celle des cerveaux entre eux ? Enfin, que signifient ces corps et ces cerveaux producteurs du conflit amour/haine - le tsunami humain -, non seulement s'ils se rencontrent entre eux, mais s'ils rencontrent les êtres vivants que nous sommes, et ceux que nous distinguons de nous : animaux, plantes, s'ils rencontrent

14

les choses inanimées : rochers, cailloux, sable, etc.? Et que devient ce conflit amour/haine venu de nos corps et de nos cerveaux lorsqu'il rencontre les objets que nous avons fabriqués au cours des temps et que nous fabriquons aujourd'hui : maisons, moyens de transport, nourritures ?

Les corps et les cerveaux humains

Ce sont les corps et les cerveaux humains qui produisent non seulement ce que chacun de nous pense, dit, fait, mais, ce que nous pensons, disons, faisons quand nous vivons en commun. D'abord il faut rappeler que le corps et le cerveau humains sont un corps et un cerveau *vivants* comme ceux des animaux. Ils sont animés par une énergie que nous ne connaissons pas ou mal, un peu mieux si nous sommes anatomiste ou physiologiste. Mais aucun de ceux-ci ne prétend aujourd'hui avoir percé l'énigme de cette énergie vitale qui anime tous les corps et les cerveaux vivants et les font agir.

La question est encore plus compliquée lorsqu'il s'agit des corps humains et de l'énergie vitale dans les corps humains. Non qu'il y ait, de ce point de vue, « supériorité » de l'être humain sur les animaux, car cette « supériorité » c'est l'homme qui la proclame, qui se dit producteur et possesseur du langage, de la pensée, de la mémoire, des sentiments, etc. Apparemment l'animal ou la plante ne dit, ne pense, ne se souvient, n'aime ou ne hait pas, par son corps et son cerveau, comme nous.humains. Mais c'est de notre point de vue d'humains que nous voyons l'homme « comme maître et possesseur de la nature », parce qu'il est homme, humain. L'étude des animaux, des plantes gagnerait à se délivrer de l'analogie systématique entre les êtres humains et les animaux, analogie moindre avec les plantes,, même si des points communs peuvent être repérés entre les uns et les autres. Cette étude gagnerait aussi à se délivrer du mépris pour les animaux et les plantes. Il est manifesté, pour les uns, par des traitements tels qu'abattage brutal des vaches et des boeufs, des veaux et des moutons, élevage « en batterie » des poulets, des vaches et des porcs. Il est manifesté, pour les autres, par des manipulations d'espèces végétales qui peuvent aboutir soit à les faire disparaître, soit à les transformer de telle sorte qu'elles n'ont plus grand chose à voir avec un produit utilisable et/ou consommable par des êtres humains, des animaux et des plantes.
Le mépris pour les animaux a toujours existé, partout. Quand j'étais enfant, à l'école, mes camarades, fils de paysans, racontaient que, pour faire une blague à une fermière, ils avaient mis un chat vivant dans le chaudron de la cheminée où cuisait

la soupe. L'instituteur me voyant pâlir - je venais de la ville - sourit et me rappela que de telles pratiques étaient encore courantes dans les campagnes. Aussi de clouer, vivante, une chouette sur la porte de l'étable, pour protéger vaches et boeufs de tout maléfice.

De quoi est fait ce corps humain qui produit des pensées, des paroles, des actes, des souvenirs, des oeuvres, des sentiments ? Les physiciens, chimistes, physiologistes, anatomistes - mon ami Jean Guilhem notamment, physicien et chimiste au CNRS - disent que le cerveau humain contient des milliards de neurones qui rendent possible la mémoire, la pensée, la coordination de la pensée à l'action, etc. Il comporte aussi des cellules dont certaines, dites cellules-miroirs , ont une fonction spécifique dans la production des idées, sentiments, souvenirs,. actes et oeuvres humains.

De plus, il semble que la communication du cerveau humain avec le bassin et les entrailles est également fonctionnelle dans ses productions. Autrement dit, le cerveau humain est une « machine » très complexe qui, adjointe au corps, permet aux êtres humains de vivre humainement.

Comment est advenu dans le temps ce corps et ce cerveau humains ? Par *des* évolutions que Darwin a commencé à mettre en évidence à partir du XIX° siècle, comme il l'a fait d'ailleurs dans *L'Origine des espèces,* pour les plantes. Ces évolutions ne furent pas, semble-t-il, continues, mais discontinues (Yves Coppens). Je n'insisterai pas, faute de compétences réelles, sur cette question qui dépasse très largement mon sujet. Qu'est-ce qui rend possible physiquement la singularité de chaque corps ? Tous les corps humains sont plus ou moins semblables par leurs organes. Par exemple, les organes sexuels de l'homme et de la femme ne sont pas fondamentalement différents. Le pénis-phallus et le vagin, les testicules et les ovaires, le clitoris et le prépuce, la vulve, les grandes lèvres, les petites lèvres et le méat, où est la grande différence ? Elle n'est pas là, mais plutôt dans l'invisibilité des organes sexuels féminins par rapport aux organes sexuels masculins, également par l'appropriation de l'enfant par le membre dit masculin du couple. J'y reviendrai dans un autre chapitre.

La singularité physique de chaque corps humain a été découverte récemment. Elle l'a été - disaient des savants généticiens que j'ai écouté au cours d'un colloque - par hasard. Ils admettent ne pas maîtriser encore suffisamment la génétique. Ce qui a été découvert et fait la singularité physique d'un corps humain par rapport à un autre corps humain, c'est son ADN, c'est-à-dire une combinaison génétique qui le rend incomparable à tout autre corps, l'en distingue quasi absolument.

Les conclusions et confusions rapides n'ont pas manqué d'apparaître chez les commentateurs non avertis : gène de l'intelligence, pourquoi pas du génie ?, etc. Présupposés qui n'ont, à l'heure actuelle, aucun commencement de preuve. Tout ce qu'on peut savoir actuellement, c'est que tel gène manquant ou défaillant peut contribuer à l'apparition d'une maladie, comme c'est le cas pour la trisomie 21, dite mongolisme, qui peut être rendue possible par un gène défectueux. De même une maladie infectieuse comme la rubéole peut affecter la combinaison génétique d'un, d'une individu(e) portant dans son ventre un enfant à l'état d'embryon et donner lieu, dans le corps de l'enfant, à des préjudices physiques graves. Ils se manifestent à la naissance, comme on a pu le voir dans l'affaire Perruche ; une mère, dont la fille avait eu la rubéole et la lui avait transmise, accoucha d'un enfant poly-handicapé.

Parler d'une causalité génétique serait abusif, du type des excès pseudo-scientifiques qu'il s'agit précisément de combattre. Négliger l'importance du génétique en ce qui concerne les possibilités humaines ou même leur caractère opératoire pour déterminer reconnaissance et descendance individuelles serait aujourd'hui tout aussi abusif, de l'ordre d'excès abusifs par rapport à la science.

La matérialité de nos/mon corps, chair et organes, nous/me /ait exister concrètement dans le monde animé et inanimé. Dans la modernité, les corps humains, en chair et en os, ne peuvent plus être négligés. Longtemps les corps, notamment ceux des femmes - ceux des hommes étaient glorifiés au nom de leur force physique - ont été considérés comme secondaires, voire, pour les femmes, comme objets de souillure. Certains furent disqualifiés par l'une de leur caractéristique : les vieillards, les jumeaux, les albinos, les personnes handicapées physiques et mentales. Disqualification pouvant aller jusqu'à la suppression. Aujourd'hui encore, le sexe - absence de pénis-phallus -, la couleur de la peau, les soi-disant nez crochus et doigts griffus, le nanisme et le gigantisme, l'homosexualité, la trans-sexualité renvoient à la minorisation,à la discrimination, à la mise à part, au particularisme à base de naturalisme, sur lequel je reviendrai.

Excès globaux ou excès spécifiés, bien au delà de la ligne, de la zone rouges, viennent donner à nos/mon corps, dans ou hors religion, dans ou hors civilité, des statuts qui contreviennent aux repères-limites sus et connus de tous et de toutes,

,partout et depuis toujours. Ces statuts sont donnés à nos/mon corps par des degrés d'excès, spécifiés dans les sociétés modernes. Les droits et le droit tentent, en société moderne, de combattre ces excès., lorsqu'il sont abusifs. Mais ces droits et ce droit peuvent devenir eux-mêmes iniques, lorsqu'ils en viennent à se situer au delà de la ligne, de la zone rouges, par exemple droits et droit nazis, fascistes, staliniens et post-staliniens, maoïstes, lepénistes.

Rappelons enfin que *des* sociétés modernes ont adopté des institutions sanitaires - Sécurité sociale, Couverture Mutuelle Universelle, (C.M.U.) - , pour protéger, garantir, rétablir la santé des individu(e) et des groupes en cas de maladies individuelles, mais aussi d'épidémies et de pandémies. Elles garantissent ainsi le droit au soin pour tous et toutes et non le droit à la vie qui relève en partie du pouvoir, du désir de la volonté personnels et collectifs des individu(e)s dans des groupes sociaux notamment familiaux. Elles assurent approximativement, dans des degrés d'excès en deçà de la ligne, de la zone rouges, la santé physique et mentale des êtres humains.

 Dans toutes les autres sociétés de types variés, la santé - le droit au soin - n'est pas suffisamment assurée. Or le droit au soin repose sur un principe inconditionnel : ne pas exposer à mourir - sauf exceptions légales et légitimes -, ne pas *être* exposé à mourir. Ce qui a été donné à l'être humain à la naissance, son corps humain vivant, ne peut, n'a jamais pu lui être enlevé facilement. La magie, la sorcellerie, la botanique médicinale en témoignent. Un ethno-psychiatre d'avant Devereux me racontait qu'étant dans une petite société africaine, un sort lui avait été jeté par un ennemi ; il avait provoqué dans son corps, une dysenterie telle qu'il était prêt de mourir. Aucun soin à l'hôpital ne venait à bout de sa maladie. Il retourna dans la petite société, conta son histoire à l'une des sorcières locales - le sorcier/la sorcière peuvent nuire, mais ils peuvent aussi guérir -. La sorcière lui fit boire une décoction de plantes qui, en trois jours, le guérit.

Les corps humains sont les socles matériels de la vie humaine. La religion, le religieux peuvent ou non leur attribuer une survie au-delà de la mort. Le corps n'en reste pas moins, dans l'ici-bas, pour tous et pour toutes, l'objet qui, en présence de l'autre corps, et l'autre corps étant présent, rend possible, notamment quand lui est donné le droit au soin, la vie individuelle et la vie en commun.

Le conflit amour/haine

L'un des problèmes qui se pose à nous et à chacun d'entre nous, c'est, après notre naissance en tant qu'individu(e), la suscitation en chacun de nous du conflit amour/haine - le tsunami humain - , de l'alerte - *le* politique - et de la ligne, de la zone rouges. L'entourage de l'individu naissant est social, économique, culturel, politique aux deux sens du terme politique, *le* politique - l'alerte - , et *la* politique - sur laquelle je reviens dans l'un des chapitres -. Ce problème du conflit amour/haine, qui se pose à nous et à chacun d'entre nous parce que nous naissons, problème su, connu de tous et de toutes, est insuffisamment étudié en sociologie et en anthropologie, en histoire, en droit ; il l'est en psychanalyse, mais surtout du point de vue de l'individu(e).

Quand le bébé est dans le ventre de sa mère, que ressent-il ? A partir de quel moment y a-t-il vie ? A partir de quel moment y a-t-il une vie un peu humaine dans l'embryon se développant ? Cette question a été posée par d'autres que moi (Angelergues), mais n'a jamais vraiment reçu un commencement de réponse. Certes, à partir d'un temps donné de la grossesse, l'enfant en gestation entend les bruits de l'extérieur, les distingue ; il ressent, dans son enveloppe corporelle, les mouvements de celle - il n'y a pas encore de celui - qui le porte ; il se nourrit d'elle par un tuyau. Mais qui sait ce qu'il ressent, vit, souffre comme douleur, éprouve comme plaisir ? A la naissance, sortant de son enveloppe corporelle, il touche, en sortant, par son crâne et par son corps, la peau de celle qui l'a porté. C'est le premier contact. Le deuxième contact est celui de mains humaines ; elles le soulèvent, le soignent, le langent. Le troisième contact est le sein maternel ou celui d'un substitut, ou une tétine de biberon plus ou moins molle ; le biberon est tenu par des mains humaines. Il est reconnu aujourd'hui que 1/ les pleurs de l'enfant, lorsqu'il sort du ventre de sa mère, viennent de l'effet en lui de l'afflux d'air dans ses poumons 2/ que ses pleurs, notamment durant la nuit, ne peuvent être un appel à la mère ou à la nourrice, pour avoir le sein ou le biberon. Le bébé n'a pas encore la maturité physique suffisante pour « demander » même par des cris. Il pleure parce qu'il a faim ou pour toute autre raison. C'est la réponse de la mère ou de son substitut qui importe. Elle lui apporte, par le sein ou le biberon, un soulagement à ce qui lui manque, ce fameux besoin , en l'occurrence de se nourrir.

On ne sait pas trop comment apparaît en lui le conflit amour/haine - le tsunami humain -. Je l'ai dit, il est suscité non seulement par la présence de la mère ou de son substitut, mais par celle de l'entourage humain : père, frère(s) et soeur(s), grand-mère(s), grand-pères(s), soignants, etc. Il est suscité par les bruits non plus seulement perçus lorsqu'il les entendait dans le ventre de sa mère ou de son substitut, mais perçus, entendus, écoutés. Ce sont les bruits de la voix de la mère ou du substitut, avec ses intonations, et aussi, moins proche, plus séparés de lui, ceux de la voix du père ou de son substitut, bruits divers que l'enfant apprend à discerner. C'est à ce stade que se produit, chez le bébé, une sorte d'auto-engendrement. Cet auto-engendrement va lui-même produire, dans sa pensée et sa mémoire, comme un rébus, des signes entremêlés. C'est vers cet auto-engendrement, vers ce rébus, ces signes entremêlés que l'enfant, devenu grand, adulte, tentera de revenir toute sa vie. Auto-engendrement nécessaire, mais aussi dangereux pour lui, plus tard, dan sa vie, car son désir de retourner, de revenir à cet auto-engendrement risque de le dépouiller de la présence de l'autre, des autres êtres humains en lui. Cette présence de l'étrange en lui-même le rend à lui-même étrange, étranger à soi-même.. Le refus de l'autre est un refus de soi-même. Il me/nous ramène au même, à l'indistinction, à l'indifférencié, c'est-à-dire à une sorte de néant. [1]

Lorsque le conflit amour/haine - le tsunami humain - apparaît et se développe en lui, l'enfant est suffisamment « mature » pour l'assumer. Déjà, peu à peu, il repère, grâce à ses parents, ses proches, ses copains et copines, l'alerte - *le* politique -, et des repères-limites plus ou moins définis. Déjà il sait plus ou moins, et cela se développe plus ou moins en lui, ce que sont et où s'inscrivent la ligne, la zone rouges Il sait plus ou moins que, s'il les *franchit,* il est, au-delà d'elles, dans un degré d'excès qui n'est plus le degré d'excès permis, autorisé, su, connu de tous et de toutes, mais celui qui le pousse vers l'excès abusif, l'illimité, vers la destruction de soi ou d'autres.

L'enfant est confronté à l'autre, aux autres, il est confronté aussi aux êtres vivants - il en est un, mais humain -, il est confronté aux choses et aux objets fabriqués. Comme objet corps humain, il sollicite, par le conflit amour/haine - le tsunami humain -, les objets corps humains de l'autre, des autres autour de lui. Il sollicite les êtres vivants autres qu'humains, les choses, les objets fabriqués. L'autre, les autres comme objets-corps humains sollicitent en lui le conflit amour/haine - le tsunami humain -, sollicitent également les êtres vivants autre qu'humains, les choses, les objets fabriqués. Cette double sollicitation, l'enfant la vit, comme l'autre, les autres la vivent. La ligne, la zone rouges sont, dans le conflit amour/haine - le tsunami humain -, en lui l'enfant, en eux les autres. L'alerte - *le* politique -, ce sont les

---

[1] Nous ne pouvons éviter de citer, à propos de l'auto-engendrement, les noms de Piera Aulagner et de Marie-Laure Dimon .

repères-limites que l'autre, les autres lui apprennent à lui l'enfant. L'autre, les autres et lui l'enfant connaissent peu à peu, consciemment, continument ces repères-limites. Ces derniers viennent, jour après jour, presque minute par minute, lui rappeler à lui l'enfant, à l'autre et aux autres que la ligne, la zone rouges - certes plus ou moins discernables, saisissables, selon les cas et les circonstances - sont là. A un certain degré; elles lui - l'enfant - et leur - les autres, l'autre - interdisent d'aller plus loin. Aller plus loin, c'est choisir, décider de choisir le risque de se détruire plus ou moins, de se faire disparaître plus ou moins et celui de détruire plus ou moins l'autre, les autres, de faire disparaître plus ou moins sa ou des sociétés.

Pour illustrer ce que je viens de dire de la ligne, de la zone rouges, avant d'y revenir dans un prochaine chapitre,, je vais citer un exemple. Il n'aboutit pas à du pire, de l'extrême, mais il en est bien proche. Il concerne un individu face à un autre individu. J'aurai sans doute à citer ultérieurement un ou des exemples collectifs.

Il s'agit d'un homme d'une quarantaine d'années, né en milieu bourgeois mais de naissance illégitime. Il n'a pas connu son père génétique et a été élevé par son père légal, le mari de sa mère. Il a eu une enfance difficile dans les greniers-soupentes d'un hôtel particulier, celui de ses parents. Il avait un frère et une soeur, élevés comme lui. Il était le benjamin de la fratrie. Il avait de bons rapports avec son père légal qui l'aimait beaucoup et le favorisa dans sa succession par rapport à ses autres enfants. En revanche, il a eu, dès son adolescence, des rapports toujours difficiles avec sa mère. A seize ans, après la mort de son père et les mariages de son frère et de sa soeur, il se retrouva seul à la maison, achevant ses études qu'il interrompit à la classe de seconde. Sa mère était sa tutrice et en profita pour lui voler le vin entreposé dans la cave de l'hôtel particulier que lui avait légué son père. Elle l'accusa de lui avoir volé un collier. Il la força à aller chez son homme d'affaire où elle avait un coffre. Elle ouvrit le coffre où se trouvait le collier. Aussitôt, son fils lui demanda à être émancipé et elle y consentit. Il s'engagea dans la marine militaire et y resta cinq ans. Il commença comme matelot-gabier et termina comme quartier-maître. Il ne voyait sa mère que de temps en temps, à des fêtes de famille. Il partit avant la guerre pour l'Afrique et vécut comme forestier au Cameroun de 1938 à 1947. Pendant la guerre, entre 1940 et 1945, il fit partie des Forces Navales Française Libres (FNFL) et garda une frontière du Cameroun, limitrophe avec la Guinée espagnole. Atteint de paludisme, il revint en France en 1947. Il s'installa dans la ville de province où il était né et y vécut jusqu'en 1952 de quelques revenus de la succession de son père et de petits emplois successifs. Il reprit des rapports réguliers avec sa mère qui habitait la même ville et avait une propriété , non loin de cette ville, à la campagne.

C'est dans la cuisine de la maison de campagne de sa mère que se produisit la scène qu'il me raconta quelques années plus tard. Un soir, comme ils se disputaient entre eux, sa mère l'accusa de bâtardise et sans doute, à ses yeux, de beaucoup plus que cela. En effet, le père génétique de l'homme en question était juif. Or la mère et le fils étaient assez violemment antisémites. Rendu fou de rage par de telles insultes - bâtardise, juif- , l'homme prit sur la table de la cuisine où ils se trouvaient tous les deux une lourde poterie en faïence - que j'ai vue -, et la lança à la tête de sa mère. Mais, au dernier moment, il parvint à retenir du bout des doigts le projectile lancé. La faïence tomba au sol et se fracassa.

Une copine à qui je racontais cette histoire me répondit que l'acte de l'homme s'expliquait par son éducation bourgeoise. Un bourgeois est trop bien élevé pour tuer sa mère. L'explication ne me paraît guère convaincante. A mon avis, le conflit amour/haine - le tsunami humain - qui est en chacun de nous se manifesta en cet homme. Malgré les difficultés de ses rapports avec sa mère, il l'aimait et la respectait, j'en ai été souvent témoin. Mais, suscité par ce qu'il ressentait comme des insultes - elle donnait et il recevait ce qu'on pourrait appeler un don-poison abusif -, c'est la haine qui l'envahit, la poussée toute-puissante à détruire, à faire disparaître celle qui l'anéantissait par ses injures - bâtardise, juif -. L'alerte, celle dans son conflit amour/ haine propre - le tsunami humain - , venue, selon moi, de la résistance de l'amour à la haine, parvint, au dernier moment, à arrêter le mouvement de la haine, l'acte qu'il avait engendré. Un second acte se produisit qui préserva sa mère de la mort et lui-même <u>de</u> commettre un meurtre. Elle se rendit compte du danger auquel elle avait échappé, monta dans sa chambre et y resta pendant trois jours, ne descendant que la nuit à la cuisine pour s'y nourrir.

Corps humain, conflit amour/haine - le tsunami humain - dans les corps humains et entre eux, alerte, ligne et zone rouges, telles sont, selon moi, quelques-unes des composantes de toute vie humaine, de chaque vie humaine.. Bien sûr, je ne sais pas comment l'énergie vitale devient cette énergie humaine qui nous pousse à aimer et à détruire, à détruire par haine, à détruire en aimant. Tout au plus puis-je, comme d'autres, en constater les conséquences positives et négatives. Elles sont positives, lorsque, par des repères-limites sus, connus de tous et de toutes, l'alerte nous est donnée et reçue par nous, par rapport aux objets sollicités par le conflit amour/haine et par rapport à ceux sollicitant ce conflit,. Elles sont négatives lorsque, hors de l'alerte et malgré elle, nous franchissons, je franchis la ligne, la zone rouges. Quittant les degrés d'excès en deçà de cette ligne, de cette zone, nous commençons, je commence à détruire, nous détruisons, je détruis carrément autrui, les autres, l'autre, en nous, en moi, hors de nous, hors de moi, nous détruisons, je détruis les êtres vivants, les choses, les objets fabriqués, nous détruisons, je détruis ma/notre propre vie, nous cassons, je casse celle des générations à venir.

2

LE SOCIAL ET   LE POLITIQUE

D'abord rappelons que le don, au sens de repère-limite dans le politique - l'alerte -
- est enclencheur de tous les autres repères-limite dans le conflit amour/haine - le
tsunami humain -. Ce conflit contribue, par son alerte - le politique - et par sa ligne,
sa zone rouges, à produire des pouvoirs, des institutions, des dons, des échanges,
des liens et rapports sociaux et politiques en deçà de la ligne, de la zone rouges. Ce
sont les individus et les groupes humains qui, dans ce conflit, produisent cet
ensemble qui constitue le social, c'est-à-dire les relations humaines entre moi social
et moi singulier, entre soi, c'est-à-dire entre moi(s) sociaux avec l'autre, entre nous,
c'est-à-dire entre petits, moyens et grands groupes.

Les relations humaines, d'individu à individu, de groupes à groupes, les
institutions, les liens sociaux et politiques - le subjectif -, les rapports sociaux et
politiques - le social et le politique objectivés - ne peuvent se concevoir, se penser,
se dire, se faire sans autrui, les autres, l'autre, par rapport à nous (groupe), à soi
comme individu social avec l'autre, par rapport à et en moi comme individu
singulier.

Je reviendrai, dans un autre chapitre, sur la question de l'alerte - *le* politique - dans
le conflit amour/haine - le tsunami humain -. Mais, dès maintenant, il me faut
affirmer, au moins par hypothèse, que l'alerte - *le* politique - dans le conflit
amour/haine - le tsunami humain - est toujours là. en eux, en nous, en soi, en moi.
On ne peut concevoir des pouvoirs, des institutions, des relations humaines, des
liens et des rapports sociaux que comme, à la fois, *politiques* au sens *du* politique,
et sociaux. Parler de rapport social est insuffisant. Tout rapport social est aussi
politique au sens où il fait référence à l'alerte - *le* politique - dans le conflit
amour/haine - le tsunami humain -, à sa ligne et à sa zone rouges.

Mais quelles sont ces formes du social et du politique où s'impliquent toujours, tout
en s'en maintenant à distance, l'alerte - *le* politique - sa ligne, sa zone rouges dans
le conflit amour/haine - le tsunami humain - ? Elles sont nombreuses. A les prendre
dans une sorte de déroulé dont le suivi serait successif, on risque de ne pas voir,
dans le social, la simultanéité de certaines d'entre elles. par exemple, celle d'une
institution et d'un ou de groupe(s). Enfin, des formes du social et du politique
comme le pouvoir, la volonté, le désir ont, en quelque sorte, deux versants : un

versant virtuel et intentionnel et un versant conscient qui se manifeste non tant à partir de la réciprocité que de l'échange.

Parmi ces formes, on peut citer les attitudes et les comportements, le don, notamment le don pour l' échange, le pouvoir, la volonté, le désir conscients, les relations humaines, les institutions sociales et politiques, les liens et rapports sociaux et politiques, les actes et les oeuvres. Dans un autre chapitre, j'essaierai de montrer comment *la* politique se produit, à partir d'une forme du don.

Les repères limite du social et du politique implicites
Enumérons d'abord les formes du social et du politique retenues ici - il y en a d'autres -, pour tenter ensuite des les expliquer brièvement comme formes sociales et politiques produites par le conflit et limitées par son alerte, sa ligne et sa zone rouges.

Il s'agit d'abord, virtuels et intentionnels, du pouvoir, de la volonté, du désir. Ces derniers instituent ou non le choix, la décision en pensées et en paroles conscientes. Ls choix et la décision, la partition entre le raisonnable et le déraisonnable instituent consciemment les formes du social et du politique conscientes

Le pouvoir

Il est d'abord une forme virtuelle, intentionnelle du conflit amour/haine - le tsunami humain - . Par l'alerte et par la ligne, la zone rouges dans ce conflit, le pouvoir peut être à la fois destructeur et constructeur. Il se caractérise par la conjonction en lui de l'identité comme repère-limite dans l'alerte - *le* politique - et de l'avoir - l'objet humain, l'objet vivant, les choses, l'objet fabriqué -. Il peut se donner, par les êtres humains qui le produisent, deux composantes : le pouvoir *de* - manger, lire, se distraire, faire quelque chose pour autrui, etc -,   composante du pouvoir presque toujours oubliée, et le pouvoir *sur* - mon corps, le corps de l'autre, les corps des autres, sur l'objet vivant, les choses, l'objet fabriqué -. On réduit trop souvent le pouvoir sur à un pouvoir de contrainte sur l'objet corps humain, On le réduit au pouvoir politique au sens de *la* politique, en déduisant de ce pouvoir politique un pouvoir social. Du coup, l'un des repères-limites dans l'alerte - *le* politique - est confondu avec le pouvoir comme forme du social et du politique. Il s'agit de l'autorité - j'y reviendrai -. L'autorité comme repère-limite - personne, texte, entité extérieure ou intérieure au monde humain - a, selon moi, d'abord pour fonction, en s'articulant aux autres repères-limites dans l'alerte - *le* politique -, de donner signification et sens au pouvoir, à la volonté et au désir, au choix, à la décision, à l' institution, à la partition entre le raisonnable et le déraisonnable, au don, à l'échange, à la relation humaine, au lien et rapport social et politique.

Le pouvoir *de* et le pouvoir *sur* peuvent s'assortir ou non de l'obligation. Celle-ci peut m'obliger et obliger l'autre, les autres, à accomplir tel acte. Elle le peut toujours et partout par l'agressivité, par la contrainte qui renforce l'agressivité, par la force notamment physique, par la violence qui peut être physique, morale, imaginaire, réelle, concrète, et renforcer la contrainte, par la puissance qui peut être physique, morale, imaginaire, réelle, concrète, et renforcer le pouvoir, la contrainte, la violence, par la domination qui est plus spécifiquement le rapport de maître à serviteur.

C'est cette domination qui est apparue, avec ses excès abusifs, comme contradictoire aux principes de la société moderne, ceux du droit et des droits, aux morales, aux éthiques, aux idéologies positives, et aux repères-limites dans l'alerte - *le* politique -.. Tant que le sacré, *distingué du profane et mis à l'extérieur du monde humain,* dominait toutes les sociétés humaines, les repères-limites dans l'alerte - le politique - étaient compris dans cette domination. On ne connait pas de sociétés avant la modernité qui ait mis, dans ses principes ancestraux, divins, à plusieurs dieux ou à un seul Dieu ou sans Dieu - mais avec néanmoins un sacré extérieur à l'humain -, la destruction partielle, sinon totale, des individus humains, des groupes humains, des objets vivants, des choses, des objets fabriqués. C'est dans les sociétés modernes à « religions séculières », autrement dit se donnant *une sorte de sacré intérieur au monde humain,* par exemple mettant la nature à la place de Dieu, que sont apparus les principes de destruction massive d'êtres humains, d'objets vivants, de choses, d'objets fabriqués. La société nazie s'est donnée comme principe la destruction de soi-disants races. De même, la société totalitaire stalinienne ou celle fasciste tendaient à faire disparaître les êtres humains qui ne participaient pas à l'édification de l'homme nouveau. Rappelons que l'idée d'homme nouveau venait de Paul de Tarse, l'un des fondateurs du christianisme. Elle prend une autre signification et un autre sens, déformés, atrophiés dans cette « religion séculière » qu'est le marxisme-léninisme stalinien. Le capitalisme à base de libéralisme et de néo-libéralisme économiques, sorte de « religion séculière », s'efforce de maintenir à la marge, sinon de détruire en certains cas - par exemple le colonialisme - celles et ceux qui n'entrent pas dans son univers : pauvres, chômeurs, sans abri, handicapés physiques et mentaux, etc.. Il soumet à sa « loi d'airain », qui n'est pas seulement celle des salaires, celles et ceux qui lui apparaissent les plus faibles : femmes, enfants, vieillards, individu(e)s à *marque* supposée négative : noirs, bruns, jaunes, à soi-disants doigts griffus et nez crochus. Dans la société moderne, les albinos et les jumeaux/jumelles sont épargnés. Mais c'est une tendance de la société moderne, et non pas seulement du capitalisme libéral économique, de transformer en un excès global politique au double sens du terme politique - *le* politique et *la* politique - des degrés d'excès au-delà de la ligne, de la zone rouge. L'alerte - l*e* politique - avertit, par les repères-limites, non seulement ceux et celles qui veulent, désirent franchir la ligne, la zone rouges, mais ceux et celles qui, l'ayant franchie, transforment en excès global des degrés d'excès qui sont au-delà d'elles. La domination peut demeurer et demeure, dans de nombreux cas d'espèce, en deçà de la ligne, de la zone rouges. La domination militaire exige, pour gagner la bataille, commandement et obéissance. La domination parentale - attestée par l'autorité parentale - donne aux enfants confiance dans leur rapport avec leurs parents, aux parents assurance et audace dans leur rapport avec leurs enfants. La domination peut être administrative, supposant une instance dirigeante et une instance dirigée et subordonnée. Tant que, avertie par l'alerte - *le* politique -, la domination administrative demeure en deçà de la zone rouge, les degrés d'excès de destruction directe, les degrés d'excès de construction résistant à la destruction et ne débordant pas les limites que la destruction se donne demeurent, bien qu'animés par le conflit amour/haine - le tsunami humain -, hors des degrés d'excès franchissant la ligne, la zone rouge.

Une domination sociale et politique globale, avec des degrés d'excès au delà de la ligne, de la zone rouges, est celle des hommes sur les femmes. Elle existait déjà chez les chasseurs-cueilleurs du paléolithique supérieur, les premiers êtres humains dits homo sapiens. Les hommes étaient chasseur - statut privilégié -, les femmes étaient cueilleuses - statut non privilégié - . Cette domination n'a commencé à être réellement mise en question qu'au XVI° siècle européen par des individu(e)s et des individus, bien que, à notre avis, des femmes aient toujours su plus ou moins consciemment qu'elles subissaient un excès global de domination au delà de la ligne, de la zone rouges. Il semble que cet excès global repose sur des hypothèses portant en elles des caractéristiques spécifiques à ce type de domination. Deux de ces caractéristiques : la visibilité et l'invisibilité, peu évoquées, sont spécifiques également aux sacrés et au religions. Nous reviendrons sur cette question de la domination des hommes sur les femmes au chapitre sur l'excès.

Rappelons que le pouvoir *de* et le pouvoir *sur* peuvent se produire sans aucune articulation à l'une des formes de l'obligation. Si je me promène seul ou avec un ami, et s'il se promène seul ou avec moi, si je vais à la pêche avec lui et s'il va à la pêche avec moi, si je lui fais un cadeau qu'il accepte ou s'il m'en fait un que j'accepte, où est l'obligation ?

La volonté

Elle présuppose le pouvoir, c'est-à-dire la conjonction au conflit amour/haine - le tsunami humain - de l'identité et de l'objet - l'être et l'avoir -. La volonté, comme le pouvoir, se manifeste par une volonté *de* et une volonté *sur*. Mais la volonté a une caractéristique particulière que n'a pas le pouvoir : elle est *toujours* assortie de l'une ou de plusieurs des formes de l'obligation. Elle est volonté agressive, contraignante, forte, violente, puissante, dominante de ou sur moi-même, sur soi-même avec l'autre, sur l'autre, les autres, autrui. Elle peut consister, par exemple, à faire redescendre, sans explication, un enfant qui est monté sur le rebord d'une fenêtre. Alors que le pouvoir peut se manifester, on l'a vu, sans aucune obligation. Si, averti par l'alerte - *le* politique -, j'ai la volonté de manger, de boire, de dormir, je m'oblige à manger, boire et dormir - ce qui n'est pas toujours le cas pour le pouvoir -. Si, averti par l'alerte - *le* politique -, j'ai la volonté d'agir sur l'autre, les autres, en restant dans des degrés d'excès en deçà de la ligne, de la la zone rouges, je peux, par ma volonté, obliger l'autre à faire ce que je veux. Je peux m'obliger moi-même/soi-même avec l'autre, à me lever chaque matin pour aller au travail. Je peux, par la force physique que manifeste ma volonté, contribuer à faire gagner un match à mon équipe. Mais ma volonté, celle de l'autre peuvent, par amour ou par haine, comme l'obligation pour le pouvoir, en me faisant disparaître moi-même, en se faisant disparaître soi-même, en faisant disparaître l'autre, des autres, autrui, des objets vivants, des choses, des objets fabriqués, manifester des degrés d'excès au delà de la ligne, de la zone rouges.

Le désir

Le désir présuppose le pouvoir. Enumérons d'abord les formes du social et du politique retenues ici - il y en a d'autres -, pour tenter ensuite des les expliquer brièvement comme formes sociales et politiques produites par le conflit et limitées par son alerte, sa ligne et sa zone rouges.

Il s'agit, virtuels et intentionnels, du pouvoir, de la volonté, du désir. Ces derniers instituent ou non le choix, la décision en pensées et en paroles conscientes. Ls choix et la décision, la partition entre le raisonnable et le déraisonnable instituent consciemment les formes du social et du politique conscientes. Le pouvoir désirer, *toujours* sans obligation, ne conduit jamais à la volonté de désirer. Celle-ci, comme l'obligation pour le pouvoir, fait disparaître le désir. Le désir comporte, comme le pouvoir, mais sans obligation, tant qu'il est virtuel et intentionnel, la référence à l'autorité, celle à l'identité - être -, celle à l'objet - avoir -. L'alerte - *le* politique -, comme pour le pouvoir et la volonté, s'y manifeste. Certes, je peux désirer la lune et ne l'aurai jamais. Mais je peux désirer telle nourriture, telle boisson, je peux désirer me promener, dormir. L'autre, les autres peuvent avoir, ont les mêmes désirs. Je peux désirer l'autre, il peut me désirer sexuellement. Ce qui caractérise le désir, c'est l'espace et le temps qu'il crée entre l'être humain désirant et un autre être humain, ou un objet quel qu'il soit. L'alerte - *le* politique - avertit celui ou celle qui désire un ou une autre personne, ou un objet, de se situer en deçà de la ligne, de la zone rouges. Car l'espace et le temps en deçà de la ligne, de la zone rouges sont, par rapport au désir, ceux de la liberté individuelle et collective. Tout m'est possible, tout nous est possible, tant que l'alerte - *le* politique- ne m'avertit pas, ne nous avertit pas que je risque, nous risquons de franchir, que je franchis, nous franchissons la ligne, la zone rouges. Tout m'est possible, tout nous est possible tant que je ne fais pas, nous ne faisons pas subir à l'autre, aux autres, à autrui, aux objets vivants, aux choses, aux objets fabriqués, des degrés d'excès de désir au delà de la ligne, de la zone rouges, tant que je ne subis pas, nous ne subissons pas, de la part de l'autre, des autres, d'autrui, ces degrés d'excès. Au point où nous en sommes, c'est-à-dire dans l'intentionnel et le virtuel, rien n'est donné, rien n'est accompli réellement, mais seulement dans le représenté, dans l'imaginaire. Mais déjà l'au delà de la ligne, de la zone rouges et le refus de l'alerte - *le* politique - peuvent se profiler.

L'objet sollicite le désir et le désir sollicite l'objet. L'alerte - *le* politique - sollicite le désir pour le limiter, le désir sollicite l'alerte - *le* politique -, pour être limité. Lorsque le désir franchit consciemment la zone rouge, dans la poussée du conflit amour/haine - le tsunami humain -, en refusant l'alerte - *le* politique - au profit de l'illimité, du non limité, il devient désir de détruire l'autre, les autres, autrui, les objets vivants, les choses, les objets fabriqués, soi-même, moi-même. Cet illimité ne peut être confondu avec l'infini comme forme de l'indéterminé et de l'inconnu.

Le choix, la décision, l'institution, la partition entre le raisonnable et le déraisonnable

Cette tentative d'explication de la ligne, de la zone rouges fera l'objet d'un chapitre spécial. Dès maintenant, je vais continuer à jalonner le parcours du conflit amour/haine - le tsunami humain - produit par mon/nos corps, limité par l'alerte - *le* politique - . Mais, auparavant, j'admets, au moins par hypothèse, que la ligne, la zone rouges sont l'espace et le temps dans lesquels consciemment, raisonnablement ou déraisonnablement, dans le limité ou dans l'illimité, par le don enclencheur, je choisis, nous choisissons, je décide, nous décidons, j'institue, nous instituons les attitudes et les comportements (gestes, postures), les dons - notamment pour l'échange - de paroles, d'objets, les pouvoirs, les volontés, les désirs à accomplir ou/et accomplis, les relations humaines, les liens et les rapports sociaux et politiques, les actes et les oeuvres.

L'illimité, le non limité ne peut être confondu, je l'ai dit, avec l'infini. L'infini est toujours, dans le conflit amour/haine, un degré d'excès, **en deçà** *de la zone rouge, vers l'in-atteignable, vers l' « inconnu à creuser », vers l' horizon à poursuivre.*
Cet espace et ce temps de la ligne, de la zone rouge, est *du* politique impliqué et à distance du social. Comment contribue-t-il à créer *la* politique ? Par un don. Je choisis, nous choisissons, je décide, nous décidons de mettre, mais sans y être impliqué sauf institutionnellement si besoin est (par exemple, entre une population et son Parlement ou Congrès), à distance maximale, et néanmoins sans séparation, de moi, de nous, un *lieu-espace,* de*s* personne*s,* de petits groupes, des institutions, dans un temps périodique, temps et espace, personnes, groupes *spécifiques* *- la* politique *-. A cette politique le social et le politique - c'est)-à-dire moi, nous - donnent.(du travail, des dons, des impôts)* .Ce temps, cet espace, etc. transforment en principes *oraux ou écrits* - droit, droits, jurisprudences toujours produits et à produire par les sacrés, les religions, ou *le* politique du type de société moderne - les repères-limite dans l'alerte - *le* politique -. Dans le meilleur des cas, l'autorité d'institutions politique au sens de la politique, légitime, au nom du droit et des droits, l'autorité de l'institution présidentielle. Celle-ci peut alors légitimer. le pouvoir politique présidentiel (le plus souvent contraignant), et lui donner autorité légitimante sur l'institution gouvernementale. Cette dernière peut dès lors légitimer le pouvoir politique (lui aussi le plus souvent contraignant) du gouvernant. *La politique donne au social et au politique, non en échange de ce que le social et le politique lui donne - il n'y a jamais en principe échange d'une part entre le social et le politique et,* d'autre *part la politique -, mais en don pour recevoir (hôpitaux,*

services publics, etc). La politique ne peut se concevoir que comme une limite globale du conflit amour-haine - le tsunami humain -. Elle est le garant d'un certain degré de paix civile. Je reviens en détail sur ces points dans le chapitre sur *la* politiqu*e*.

Les repères limite du social et du politique explicites

Parmi les repères limite du social et du politique explicites, j'en retiens deux qui me paraissent parmi les plus importants : les attitudes et les comportements, mais surtout le don.

Les attitudes et les comportements sociaux et politiques

Ils résultent de choix faits, de décisions prises en référence consciente à l'alerte - *le* politique -, sous l'effet du conflit amour/haine - le tsunami humain -. Les attitudes consistent en des manifestations visibles du corps individuel ou de corps assemblés : une foule, un groupe, un ensemble de travailleur(euse)s dans un atelier ou un bureau. Manifestations du visage, des membres - bras, jambes, pieds, torse -. Elles ne mènent pas nécessairement au comportement et au passage à l'acte dans le don, pour l'échange et au pouvoir. Elles sont visibles, proviennent toujours d'un pouvoir virtuel et intentionnel, sans pour autant devenir des manifestations d'un pouvoir conscient, choisi, décidé comme illégitime au niveau de la ligne, de la zone rouges. Tant qu'elles demeurent *dan*s les degrés d'excès *en deçà* de la ligne, de la zone rouges, elles sont approximativement celles d'individu(e)s et de groupes qui peuvent, veulent, désirent demeurer en deçà de cette zone, de cette ligne. Des attitudes joyeuses ou tristes, de gratitude et d'ingratitude nécessaires - De Gaulle disait, au premier de l'an, aux membres de son gouvernement à Alger : croyez en ma totale ingratitude - , de regret, de compassion, d'amitié, de camaraderie peuvent se produire non seulement sans nuire à l'autre, aux autres, à autrui et sans qu'autrui, les autres, l'autre nous/me nuisent, mais aussi en nous confrontant, nous reconnaissant et en provoquant les mêmes attitudes chez autrui.

Mais les degrés de l'excès sous l'effet d'un pouvoir, d'une volonté, d'un désir intentionnels et virtuels peuvent se préparer à et finalement choisir, décider, dans un individu, un groupe, une collectivité, de franchir la ligne, la zone rouges. Individu, groupe, collectivité peuvent choisir, décider de rendre arbitraires, irresponsables, déraisonnables, leur choix, leur décision, le raisonnable. Ils peuvent choisir, décider consciemment de ne plus tenir compte ni d'autrui, ni des autres, ni de l'autre, ni de soi-même - contenant plus ou moins l'autre dans son étrangeté -, ni de moi-même dans ma singularité. Ils produisent des attitudes qui tendent à détruire, par amour ou par haine, en refusant l'alerte - *le* politique - , l'autre, soi-même et moi-même. Le mépris d'un autre, visible sur un visage, l'arrogance manifestée par des gestes, des postures - souvent hors du langage -, des silences vis à vis de l'autre deviennent les signes de son rejet. .Ce sont des attitudes individuelles et collectives au delà de la ligne, de la zone rouges, qui contribuent à casser, sinon à détruire des pouvoirs communs ou individualisés dans l'entre nous, dans l'entre soi et par rapport au moi. Elles font subir à l'autre, aux autres, à autrui ce que je ne veux pas, nous ne voulons pas subir, ce que je ne désire pas, nous ne désirons pas, ce que je ne puis, nous ne pouvons pas subir soi/nous-mêmes.

Nous n'en dirons pas plus su les attitudes bien connues de tous et de toutes et, surtout quand elles sont abusivement négatives, de tous *vis à vis* de toutes. Venons-en aux comportements. Ceux-si peuvent se manifester sans attitudes préalables. Ils peuvent être, comme les attitudes, collectifs ou/et individuels. Seul je peux lever un bras, une jambe, m'apprêter à me mettre en marche, sourire, hurler, trépigner, pleurer. Collectivement, nous pouvons en faire autant. Il y a choix, décision d'adopter le comportement comme commencement d'acte. Le ou les comportements individuels ou/et collectifs demeurent en deçà de la ligne, de la zone rouges tant que l'alerte - *le* politique - n'est pas refusé ou, plus exactement, n'est pas, par choix, décision, lesté, dans ses repères-limite, de degrés d'excès outrepassant ligne et zone rouges ; ils le demeurent, tant qu'ils se tiennent, plus ou moins approximativement et sans *dogmatisme* c'est-à dire sans être fixés une fois pour toutes, dans les repères-limite que se donnent les sociétés humaines, en se référant à l'alerte - *le* politique -. Pour reprendre les exemples donnés, je peux lever un bras, mais pour frapper, une jambe pour donner un coup de pied, me mettre en marche en sachant que je dois demeurer immobile, faire la grimace à un autre rejeté, hurler contre lui, trépigner de rage, simuler des pleurs, ou pleurer réellement par haine injustifiée d'autrui. Certains « amis » de Rocard, l'homme politique, pleuraient à son enterrement, pleurs simulés. D'autres pleuraient peut-être réellement, parce qu'il était mort sans souffrance, dans son lit. Combien de colonialistes cruels ont pleuré en pleurs réels à la fin du colonialisme ? Des maoïstes ont pleuré réellement à la mort de Mao, des marxistes staliniens à la mort de Staline. Je ne peux guère en dire plus sur les comportements. Ils sont sociaux et politiques, avant même de s'inscrire dans des liens et des rapports sociaux et politiques déjà là. Ils peuvent conduire, individuellement et collectivement, au mieux à des ajouts dans ces liens et rapports sociaux et politiques, contribuer à leur transformation ; au pire, ils peuvent conduire à leur propre destruction. et à la destruction de ceux qui, en deçà de la ligne, de la zone rouges, sont déjà là

Le don

Je ne discuterai pass ici de la question du don comme enclencheur des repères-limites dans l'alerte - *le* politique - où il se situe parmi d'autres repères-limite. Mais ces repères-limite n'ont pas, eux, la caractéristique d'être des enclencheurs, ou plutôt, ils ne l'ont que parce que le don la leur donne. Ce sont les formes sociales et politiques du don que j'envisagerai dans cette rubrique. Je prendrai en compte plus particulièrement le don pour recevoir, le don à l'autre, le don pour l'échange. Car, nous le verrons plus tard, c'est le don qui enclenche notamment l'alerte - le politique - et qui, comme repère-limite, enclenche, en référence à l'autorité, la réciprocité. Mais ce sont, le pouvoir, la volonté, le désir intentionnels et virtuels et le choix, la décision, la partition entre le raisonnable et le déraisonnable *dans* la ligne, la zone rouges qui rendent possibles les formes sociales et politiques du don. La zone rouge institue le don à accomplir et le don accompli.

C'est le lieu d'indiquer que les formes sociales et politiques du don fonctionnent parce qu'elles sont sociales, c'est-à-dire dans des relations humaines, des liens et des rapports sociaux et politiques. Elles contribuent à augmenter ou/et à transformer ces liens et ces rapports sociaux, Elles contribuent, par eux, à produire des pouvoirs, des volontés, des désirs, des actes, des oeuvres. L'une des formes sociale et politique du don, le don pour recevoir, produit, à distance du social et du politique, *la* politique. Mais les formes sociales et politiques du don fonctionnent également parce que, dans les relations humaines, les liens et rapports sociaux, elles sont *politiques* au sens du politique.

L'une des plus connues de ces formes sociales et politiques du don est le don pour recevoir, dit aussi don gratuit, ou don sans retour. Je donne, tu donnes, nous donnons des personnes en mariage, des paroles, des cadeaux - objets vivants, choses, objets fabriqués -. Mais je peux donner, en don-poison au delà de la ligne, de la zone rouges, des coups, des blessures, la mort, de « mauvaises » personnes en mariage - un bandit, un escroc, une brigande, une voleuse - , de « mauvaises » paroles - des insultes, des médisances, des calomnies - , des cadeaux empoisonnés - animaux nuisibles, plantes vénéneuses -, des choses et des biens nuisibles - objets fabriqués de mauvaise qualité, fausse monnaie, biens immobiliers ou mobiliers hypothéqués.

Je peux, je veux, je désire, nous voulons, désirons ne rien donner, que l'autre, les autres, autrui ne reçoivent rien Il est également possible de vouloir désirer donner, mais de se heurter à un refus de recevoir. Plus de 40% des crédits réservés au RSA (Revenu d'aide sociale) ne sont pas demandés par ceux et celles qui peuvent en bénéficier. La raison en serait que les démarches administratives son trop complexes. Peut-être peut-on risquer une autre hypothèse : c'est qu'un don offert à un individu pour vivre matériellement ne peut que s'accompagner d'un droit, sinon il perd son sens, pour lui et pour les autres. Le RSA et les minimas sociaux sont certes une amélioration par rapport à la charité privée et publique. Mais leur statut mal défini et leur insuffisance notoire ne permettent guère de les confondre, sauf d'un point de vue technocratique, avec ce que pourrait être, par exemple, un revenu universel de citoyenneté.

Tant que ces refus de donner ou/et ces dons refusés sont en deçà de la ligne, de la zone rouges, les degrés d'excès du don pour recevoir demeurent approximativement des dons collectifs et individuels producteurs d'une vie en commun possible. Lorsqu'ils franchissent la ligne, la zone rouges, personnes hors du droit, paroles injurieuses, choses et biens nuisibles deviennent des dons-poisons destructeurs de cette vie en commun.

Autre forme sociale et politique du don, le don pour l'autre peut être un don pour recevoir ou un don pour l'échange. S'il s'agit des autres - d'individus ou de groupes -, le don pour l'autre peut être aussi don pour recevoir, don pour l'échange. Il peut se faire à un individu ou à un groupe, avec l'obligation sociale et politique de rendre. Mais le don pour l'autre ne peut pas être don pour autrui. Ce dernier présuppose le rapport à autrui dont nous parlerons à propos de l'alerte - *le* politique.

Le don pour l'échange prend signification et sens dans l'autorité et la réciprocité, repères-limite dans l'alerte - *le* politique -. Il est don donné, reçu et rendu. Sont donnés, reçus et rendus des personnes, des pensées, des paroles, des actes, des cadeaux - objets vivants, choses, objets fabriqués -. Peuvent être également donnés, reçus et rendus des coups, des blessures, la mort. Tant que cette forme du don ne franchit pas la ligne, la zone rouges, elle demeure approximativement productrice d'échanges dans des relations humaines, des rapports et liens sociaux et politiques. L'échange rend possible, par le pouvoir, la volonté et le désir collectifs et individuels, un don-poison pour l'échange *en deçà* de la ligne, de la zone rouge. Une guerre peut être juste, comme, par exemple, celle contre le nazisme, ou être guerre imposée aux citoyens d'une nation par une politique et un Etat se situant, dans leur action, au delà de la ligne, de la zone rouges, . Ce fut, du côté des Algériens,   le cas de la guerre d'Algérie. Les coups, les blessures, les meurtres demeurèrent, pour les soldats du contingent (qui n'étaient pas volontaires et durent se soumettre, par la force exercée sur eux, en l'occurrence à une obligation inique) *en deçà* de la zone rouge. En revanche, le terrorisme, la torture, le meurtre individuel, le meurtre collectif - hors des deux cas précités et celui de la légitime défense -, les coups et les blessures aux plus faibles ou considérés comme tels - femmes, enfants, vieillards, personnes handicapées physiques et mentales - franchissent d'emblée, en refusant l'alerte - le politique -, la ligne, la zone rouges. Lorsque nous citoyens et citoyennes nous parlons, dans l'échange, de l'excès *en deçà* de la ligne, de la zone rouges, il s'agit de dons dans l'échange donnés, reçus et rendus avec des degrés approximatifs d'excès *en deçà* de cette ligne, de cette zone rouges, dans une vie en commun possible. Lorsque nous parlons, dans l'échange, de l'excès *au delà* de la ligne, de la zone rouges, il s'agit de dons dans l'échange avec des degrés d'excès au delà de cette ligne, de cette zone rouges, dans une vie où ces excès tendent à détruire les relations humaines, les liens et les rapports sociaux, le social et le politique.

Dans la forme sociale et politique du don pour l'échange, on peut distinguer le don pour l'échange réciproque, le don pour l'échange utilitaire, le don pour l'échange commercial avec ou sans monnaie, le don pour l'échange marchand. économique.
Le don pour l'échange réciproque se pratique au niveau des objets, sans qu'ils aient nécessairement d'utilité. Des paysans vont donner, en un temps, des cerises à leurs voisins proches. Les voisins proches vont leur rendre, en un autre temps, des pêches. Le don dans l'échange utilitaire est souvent parallèle au don réciproque. Par exemple, des paysans vont aider d'autres paysans à la fenaison et à la moisson. Ceux-là rendent, en un autre temps, le même service aux précédents. Des paysans prêtent un tracteur à d'autres paysans qui, en échange, prêteront une charrue.

Le don avec échange commercial suppose que soit donné, reçu, rendu une personne (par exemple un ou une esclave), ou un objet vivant (animal ou plante), ou une chose ou un objet fabriqué. Mais l' échange se fait avec une mesure de la valeur utilitaire de l'objet donné, reçu, rendu, y compris éventuellement de sa valeur en monnaie, même si la monnaie n'intervient pas dans l'échange. C'est cette mesure de la valeur utilitaire de l'objet donné, reçu et rendu, qui distingue le don dans l'échange commercial sans monnaie du don dans l'échange utilitaire. L'usage est d'appeler ce type d' échange un troc. Il faut rappeler que le troc, au sens strict du terme, ne se fait jamais dans l'inter-connaissance. Or, jusqu'à l'ère informatique, tous les échanges, y compris marchands, se faisaient dans l'inter-connaissance ou au moins en se voyant.

Le don dans l'échange commercial avec monnaie suppose, on le sait, l'achat d'une personne, ou d'un objet vivant, ou d'une chose, ou d'un objet fabriqué ou d'un service en échange d'une certaine quantité de monnaie, quantité évaluée ou non par les échangistes. Par exemple, j'achète à l'épicerie une salade en échange de trois euros versés obligatoirement à l'épicier.

Le don pour l'échange marchand économique a fait oublier, avec l'apparition des temps nouveaux et du type de société de ces temps nouveaux, tous les autres types de dons pour l'échange, qu'ils soient réciproque, utilitaire, commercial avec ou sans monnaie. Le don pour l'change marchand économique s'est mondialisé. Il s'accompagne de la mise à part d'une science, la science économique, et d'une pratique, la pratique économique sur un marché spécifié ou globalisé. Lorsque le don pour l'échange marchand économique est encastré dans les relations humaines, dans les liens et les rapports sociaux et politiques, et lorsqu'il admet, dans ces liens et rapports sociaux et politiques,   l'alerte - *le* politique -, il est don pour l'échange marchand économique à un degré d'excès *en deçà* de la ligne, de la zone rouges. Il ne détruit pas, ne contribue pas à détruire, les liens et les rapports sociaux et politiques entre nous, ni les sociétés où les temps nouveaux se sont accomplis, ni celles où il commencent d'apparaître. Cela peut être le cas, par exemple, dans de petites et moyennes entreprise ou dans ce qui reste d'artisanat en société moderne, ou dans l'artisanat lorsqu'il fonctionne dans des sociétés qui font entrer en elles le nouveau type de société, tout en gardant leur ancien type de société.

Lorsque l'échange marchand économique franchit allègrement la ligne, la zone rouge, il devient un don pour l'échange marchand économique avec des degrés d'excès *au delà* de la zone rouge. Ces degrés spécifiques détruisent, contribuent à détruire la vie sociale et politique, les individus en groupes ou seuls qui la produisent. Ce qu'on appelle le salaire en constitue actuellement, un bon exemple. Il n'est nullement un échange, pour la plus grande partie des travailleurs(eues), mais un « don » (don-poison) pour qu'ils puissent manger, boire dormir, être vêtus et à l'abri, en vue de leur retour au travail chaque matin.

Au bas de la classe moyenne, où les petit(e)s employé(e(s), dans nos sociétés actuelles, représentent 50% de la population au travail, le salaire est présenté comme un   don pour l'échange marchand économique. Mais il est seulement marchand économique, il n'est ni social, ni politique. Du travail est fourni *en échange* d'une somme calculée, pour ces travailleur(euse)s, en fonction de la quantité de monnaie *rendue en échange* de ce travail donné. Il est calculé, en France, au S.M.I.C (Salaire *Minimum* Inter-professionnel de Croissance), pratiquement avec de faibles hausses, pour toute la vie de l'employé(e). Dans la législation du Travail, il y a les conventions collectives et les accords d'entreprises. La soi-disant flexibilité - salaires variables qui, dans la sous-traitance, peuvent diminuer jusqu'a 400 euros mensuels - renforce encore ce qu'on appelle l'inégalité, les inégalités dans le don pour l'échange marchand économique. Les ouvrier(ère)s OP, ouvriers professionnels, qualifiés, titulaires, en principe, d'un CAP (Certificat d'Aptitude Professionnelle), soudeurs, serruriers, etc. dans le don pour l'échange marchand économique, touchent un salaire légèrement au dessus du   S.M.I.C. et achèvent leur parcours professionnel - coupé, comme celui des petit(e)s employé(e)s, de périodes de chômage, c'est-à-dire de précarité — avec, en France, une retraite d'environ 1 800 euros ; ils/elles ont travaillé depuis l'âge de seize ans, fin de leur obligation scolaire. Quant aux ouvrier(ère)s OS, ouvriers spécialisés, ils touchent, toute leur vie, le S.M.I.C - actuellement, en France, environ 1100 euros nets par mois.

Parler, à propos de ces salarié(e)s d'un don pour l'échange économique marchand est un leurre. Il s'agit en fait d'un « don pour recevoir », *revenu de subsistance* fourni à l'employé(e) ou à l'ouvrier(ère), pour que, chaque matin, il/elle puisse revenir à l'usine ou au bureau. Il y a un rapport entre ce type de *salaire* et la question de l'égalité. Nous y reviendrons à propos de l'alerte - *le* politique.

C'est dans le don pour l'échange, par exemple, dans le don pour l'échange réciproque, celui de paroles, dans le don pour l'échange utilitaire, celui de services, dans le don pour l'échange commercial avec ou sans monnaie, celui de nourriture, dans le don pour l'échange marchand économique, celui de travail contre de la monnaie qu'apparaissent, se manifestent, en référence à l'alerte - *le* politique -, dans des choix, des décisions, des partitions entre le raisonnable et le déraisonnable, les degrés d'excès du pouvoir, de la volonté, du désir sociaux et politiques *en deçà* de la zone rouge. Pouvoir, volonté, désir vont engendrer et produire, par le don pour l'échange, dans les relations humaines, dans les liens et les rapports sociaux déjà là, consciemment et visiblement, des augmentions, des accroissements de ces derniers. Mais c'est également dans le don pour l'échange, avec ses différents types d'échange, qu'apparaissent, se manifestent, refusant l'alerte - *le* politique -, par des choix, des décisions dans le déraisonnable exercé ou subi, les degrés d'excès du pouvoir, de la volonté, du désir *au delà* la ligne, de la zone rouges. Ils engendrent, produisent, dans les relations humaines, dans les liens et rapports sociaux déjà là, des diminutions, des destructions des relations humaines, liens et rapports sociaux et politiques pouvant aller jusqu'à des destructions matérielles et réelles de sociétés. Les pensées, les idées, les pratiques des êtres humains produisent des degrés d'excès spécifiés par rapport à ces idées, pensées et pratiques. Elles peuvent se situer *en deçà* de la ligne, de la zone rouges, en s'articulant à l'alerte - *le* politique -. Mais des pensées, des *idées toutes faites* et des pratiques d'êtres humains peuvent se situer *au delà* de la ligne, de la zone rouges. Elles peuvent être insuffisamment articulées à l'alerte - *le* politique -. Enfin, la société moderne génère et tend à entretenir des systèmes globalisés où les degré d'excès se situent *très au delà d*e la ligne, de la zone rouges.   Dans les pensées, idées et pratiques en deçà de la zone rouge, articulées à l'alerte - *le* politique -, le don sous ses différentes formes, notamment celle du don pour l'échange peut, par le pouvoir, la volonté, le désir, produire des ajouts qui augmentent, transforment, dans et par le conflit amour/haine - le tsunami humain -, les relations humaines, les liens et les rapports sociaux, font éclore des actes et des oeuvres nouveaux, des politiques nouvelles. Mais dans les pensées, les *idées toutes faites* et les pratique*s* produisant des degrés d'excès *au delà* de la ligne, de la zone rouges, insuffisamment ou non articulées à l'alerte - *le* politique -, le don sous ses différentes formes et notamment celle du don pour l'échange peut produire des pouvoirs, des volontés et des désirs qui diminuent, déforment les relations humaines, les liens et les rapports sociaux et politiques déjà là et à venir,. Les *idées toutes faites* et les pratiques font éclore, dans et par le conflit amour/haine - le tsunami humain -, des actes et des oeuvres *au delà* de la zone rouge, une ou des politiques destructrices du social, du politique et des sociétés.

Très brièvement, nous définissons les relations humaines comme ce qui se passe entre deux ou plusieurs personnes dans un ou des groupes. Elles présupposent le conflit amour/ haine - le tsunami humain - destructeur et constructeur. Les liens sociaux et politiques sont le subjectif venu des relations humaines et du conflit amour./ haine - le tsunami humain -. Le subjectif apparait à la base des rapports sociaux et politiques. Ce subjectif social et politique singularise socialement l'individu au niveau de son moi par une combinaison d'éléments sociaux et politiques : par exemple, .père, mère, frères, soeurs, les miens, les tiens, les nôtres, les vôtres, les leurs - ne sont jamais les mêmes subjectivement d'un individu à l'autre, y compris quand il s'agit d'une seule et même famille. Le subjectif est très souvent, en sociologie, en anthropologie, insuffisamment analysé dans les sociétés, dans les grands groupes, les petits groupes et les individus. Le subjectif social et politique s'articule *toujours* à l'alerte - *le* politique - et à la ligne, à la zone rouges. C'est en lui et par lui que se produisent visiblement et manifestement le don, notamment le don pour l' échange - dont, en tant que subjectif, il est, par la réciprocité, la condition absolue -, les actes et les oeuvres. Une autre forme du don, le don pour recevoir, dont le subjectif est également la condition absolue, produit *la* politique. Les formes spécifiées des relations humaines et des liens sociaux sont principalement l'hostilité, l'ambivalence et l'alliance. Les rapports sociaux sont le visible objectivé et néanmoins vivant des relations humaines et des liens sociaux et politiques. Ils prennent des formes spécifiées : le groupe, l'équipe, la classe, la catégorie, la secte, etc.. Ils sont liés aux formes spécifiées des relations humaines et des liens sociaux et politiques nées du subjectif social et politique et du conflit amour/haine - le tsunami humain -.   Je laisse aux lecteurs et lectrices le soin d'illustrer par de multiples exemples cette brève nomenclature.

3

LA LIGNE, LA ZONE ROUGES

Pourquoi faire apparaître ce que j'appelle la ligne, la zone rouges, c'es-à-dire le temps et l'espace du choix, de la décision, de la partition entre le raisonnable et le déraisonnable, après le social et le politique dans lequel je l'annonçais et lui faisais sa place, et avant *le* politique ? Intentionnellement et virtuellement, pour moi, pour l'autre, pour nous - petit, moyen ou grand groupe -, pour les autres, pour autrui, dans le conflit amour /haine - le tsunami humain -, j'ai, nous avons - les groupes -, il a - l'autre, -, fait émerger ou non le pouvoir, la volonté, le désir en moi, en soi, en nous, en l'autre, dans les autres, en autrui. C'est donc la ligne, la zone rouges c'est à dire l'espace et le temps du choix, de la décision, de la partition entre le raisonnable et le déraisonnable que j'aborde, que nous abordons, qu'il aborde, Certes l'alerte - *le* politique - est déjà apparue virtuellement et intentionnellement avec ses repères-limite et notamment le don enclencheur. Elle a, cette alerte - *le* politique - , avertie, dans l'intentionnel et le virtuel, par ses repères-limite et notamment par l'un d'eux l'autorité, l'individu, les individus, le groupe, des groupes - petits, moyens ou grands, tant dans la construction que dans la destruction-, de l'*en deçà* et de l'*au delà* de la ligne, de la zone rouges. Le conflit amour/haine - le tsunami humain -, la mémoire, l'oubli volontaire ou non volontaire ont joué leur rôle., jusqu'à cet accès à la ligne, à la zone rouges. Le pouvoir, la volonté, le désir se sont en quelque sorte tournés vers l'alerte - *le* politique - toujours sue, connue des êtres humains a minima.

Rien n'est encore choisi, décidé ; la partition entre le raisonnable et le déraisonnable n'a pas été faite. Le choix, la décision, la partition peuvent être, pour l'individu, le groupe, l'autre, les autres, autrui, de ne rien choisir, de ne rien décider et apparemment de refuser l'alerte - *le* politique -, son avertissement et ses repères-limite. Auquel cas , on pourrait dire qu'il n y a ni choix, ni décision, ni raisonnable, ni déraisonnable, mais, chez des individus, des groupes, chez l'autre, les autres, autrui, un espace et un temps neutres où tout demeure en suspens dans l'état de ce qui est déjà là. L'un - le social et le politique, moi, nous l'autre, les autres, autrui - tend à s'immobiliser, la ligne, la zone rouges tendent à n'être franchies, dans l'espace et dans le temps, que dans le quotidien et la vie courante des individus et des groupes. Ces derniers demeurent articulés, pour qu'ils puissant vivre en commun, au conflit amour/ haine - le tsunami humain -, à l'alerte et à la ligne, à la

40

zone rouge. Elle peut être franchie ou non par eux et entre eux. En revanche, des hameaux, des villages, des villes petites, moyennes ou grandes, peuvent demeurer longtemps dans un *statu quo* où ne se voient guère de changements, de constructions et de destructions, tant dans les moeurs et les manières - la culture commune - que dans les savoirs et les connaissances - la culture savante.

Mais, dans le cas du *statu quo,*, il s'agit d'un choix, d'une décision, d'une partition - ou non - entre le trop raisonnable et le plus ou moins déraisonnable. C'est ce qui rend peu crédible l'évocation du passé souvent élogieuse, du « bon vieux temps », des « pères sévères », du « traditionnel », etc. Peu crédible aussi celle des sociétés, des lieux, des temps d'autrefois, sinon de l'origine, « paradis », âge d 'or - sans excès abusifs de pouvoir *de* et de pouvoir *sur*, d'agressivité, de contrainte, de force, de violence, de puissance, de domination sociales et politiques. aux deux sens du terme politique, *le* politique et *la* politique -. L'institution de l'esclavage dans ses diverses formes apparaît très tôt dans l'histoire humaine et est remplacée aujourd'hui par celle du travail forcé. La domination des hommes sur les femmes, qui a duré des millénaires dans presque toutes les sociétés humaines, est sortie tardivement de l'ombre. Sans trop revenir à l'histoire, tenons-nous en aux temps nouveaux et au type de société qui est la solution choisie, nous l'avons dit, par environ la moitié des sociétés actuelles, par leurs individus et groupes, dans leurs relations humaines, leurs liens et rapports sociaux. Dans la vie quotidienne courante, comme dans le jadis et le naguère, l'autrefois le plus éloigné, j'ai, nous avons, ils ont à choisir, à décider, j'ai, nous avons, ils ont à se situer par rapport au raisonnable et au déraisonnable. Cela *en deçà* de la ligne, de la zone rouges et pas *au delà*. Parce que l'alerte - *le* politique - est encastré dans les sacrés et les religions hors monde humain, le choix, la décision, la partition entre raisonnable et déraisonnable sont peut-être moins difficiles dans les sociétés de l'ancien modèle, plus complexes dans les sociétés du nouveau modèle où *le* politique a du mal, comme le montre notre propos, à s'expliciter.

L'en deçà et l'au delà de la ligne, de la zone rouges manifestent continument construction et destruction. L'au-delà de la ligne, de la zone rouge peut aller jusqu'à l'auto-destruction individuelle et collective. L'en deçà de la zone rouge maintient tant bien que mal, par *résistance* de l'amour à la haine, ce qui se construit. *L'auto-émancipation individuelle et collective peut commencer et commence de se faire, dans nos sociétés actuelles et dans celles qui font entrer prudemment en elles un peu d'explicitation du politique, mais toujours avec le risque, par le trop d'amour ou le trop de haine, de basculer dans l'au delà de la ligne, de la zone rouges, dans la destruction collective et individuelle, par détournement abusif de l'amour en haine, mais aussi par celui - qui, dans la construction, peut être tout autant abusif - de la haine en amour.*

Attitudes et comportements, dons pour recevoir, dons pour l'autre, don pour l'échange, pouvoirs, volontés, désirs, relations humaines, liens et rapports sociaux et politiques, actes et oeuvres persévèrent dans leur être ou se détruisent, sont détruits. Ils sont construits ou détruits par les choix, décisions de celles et ceux qui peuvent, veulent, désirent demeurer en deçà de la zone rouge, pour renouveler et transformer, au mieux de tous et de toutes, les liens et rapports sociaux Celles et ceux qui peuvent, veulent, désirent franchir la ligne, la zone rouges, par leurs choix et leurs décisions, contribuent à détruire, à faire disparaître individus, groupes et sociétés.

Reconnaissons que les non choix, les non décisions, l'indifférenciation entre le raisonnable et le déraisonnable sont relativement rares dans le quotidien, dans la vie courante. Ils peuvent être plus fréquents, en espace et en temps, à un niveau plus global, celui d'un village, d'une ville, d'une grande ville, d'une région, d'une nation, d'un ensemble de nations. A un niveau plus globalisé, il peut y avoir non choix, non décision, indifférenciation entre le raisonnable et le déraisonnable.

Pour les 9/10 des populations, le conflit humain amour/haine - le tsunami humain - n'augmente ni ne diminue guère ; l'alerte et la zone rouge ont tendance à demeurer à un niveau qui ne dépasse guère le quotidien, la vie courante immédiate. Les obligations que je me donne, que nous nous donnons prennent des formes d'agressivité, de contrainte - les heures de travail -, de force - les travaux à faire -, de violence - physique pour les travaux les plus durs, morale, presque à chaque minute de notre vie individuelle et collective -, que j'agisse, nous agissions par mon/nos propres choix et décisions ou que je subisse, nous subissions les choix, les décisions, de l'autre, des autres, d'autrui.

Le choix, la décision se produisent vers l'accomplissement ou le non accomplissement dans l'espace et le temps d'une *liberté* comme écart entre mon//notre désir et l'alerte - *le* politique -. Dans la puissance et la domination sociales et politiques, en imagination et en pratique, par ou malgré l'alerte, liberté et obligation rendent possibles des constructions et des destructions à des degrés d'excès en deçà de la ligne, de la zone rouges ou au delà d'elles. Quand l'en deçà de la ligne, de la zone rouges est approximativement maintenu, la vie en commun est possible. Lorsque la ligne, la zone rouges sont franchies consciemment et que leur au delà est choisi, la vie en commun se détruit lentement ou rapidement, le plus souvent aux dépens des plus faibles et des moins nanti(e)s - enfants, femmes, vieillards, sans abri, précaires, chômeurs, smicards, malades, personnes handicapées physiques et mentales.

Insistons sur un point que tous et toutes connaissent partout depuis toujours. Qu'il s'agisse de choix et de décisions dans la vie quotidienne d'individu(e)s et de groupes sociaux et politiques, ou, dans la vie élargie du local au global, du national à l'international, de nations à un ensemble de nations, la ligne, la zone rouges ne sont jamais une barrière, un mur. A mon avis, elles sont un espace et un temps sinusoïdal, mouvement plus ou, moins indéterminé, comme les repères-limites, se répétant, et troué en quelque sorte, individuellement et collectivement - en petit, moyen ou grand groupe — par des hésitations, des retours en arrière, des hontes collectives et individuelles, des silences, des joies, des peines elles-mêmes collectives et individuelles. Elles empêchent cette ligne, cette zone rouges, comme c'est le cas aussi, on le verra plus loin, pour les repères-limite, de   se fermer absolument. La ligne, la zone rouges sont toujours là, mais jamais en indépendance totale, toujours articulées au social et à l'alerte - *le* politique -, au culturel et à *la* politique. Elles ne sont jamais non plus *coupées* du conflit amour/haine - le tsunami humain.

J'ai donné un exemple individuel, celui où la ligne, la zone rouges se trouvent réduites, en espace, à celui d'un lieu - une cuisine -, d'un temps bref, et d'un objet - une coupe en faïence -. Apparaissent des attitudes - la colère de l'individu, le mépris manifeste de l'autre individu(e) -, un comportement - sans doute, l'individu insulté se saisit-il, sans intention très claire, de la coupe en faïence -, le don-poison abusif - l'objet lancé -, le don non reçu - il n'y a ni reçu, ni rendu -, des relations humaines - hostilité dans un groupe familial-bourgeois - . L'acte - le lancement de l'objet - s'articule à l'alerte - *le* politique - et, en quelques secondes, à la ligne, à la zone rouges - rabattement de l'objet lancé qui n'atteint pas son but -. L'oeuvre, c'est la vie d'un(e) individu(e) qui se poursuit.

J'ai choisi cet exemple parce qu'il contient un degré d'excès maximal *au delà* de la ligne, de la zone rouges. Mais il contient aussi un degré d'excès maximal *en deçà de* cette ligne, de cette zone.

Autre exemple individuel, un homme ayant participé brillamment à la résistance, devient, après la guerre, parlementaire. Il est connu pour avoir des goûts particuliers qui tombent sous le coup de la loi pénale. A un moment donné de sa vie, il démissionne de son poste de parlementaire et se lance dans une action civique qu'il poursuivra jusqu'à ses derniers jours. Cet homme s'est trouvé au bord de la ligne, de la zone rouges que ses goûts particuliers, relevant de la loi pénale, commençaient à lui faire franchir. Il s'est refusé, averti par l'alerte - *le* politique -, à laquelle je reviens plus loin, à franchir la ligne, la zone rouges et c'est dans des degrés visibles d'excès *en deçà* de cette zone qu'il a choisi et décidé de penser et d'agir.

On pourrait multiplier les exemples. Le père d'un enfant, accusé d'une infamie par la mère de l'enfant, fait non seulement reconnaître son innocence par les tribunaux, mais se fait accorder par eux, à sa demande, tout en laissant à la mère la possibilité de le voir, la garde de l'enfant.

Il y a certes moins d'héroïsme à aller acheter une salade ou du pain. Mais, quand l'individu qui l'achète est sans le sou, la tentation doit être grande, si c'est possible, de la/le voler. Or, qu'on sache, ce n'est pas chez les précaires, les chômeurs et les sans abri qu'on peut trouver le plus grand nombre de voleurs.

Je ne peux qu'effleurer le problème de la ligne, de la zone rouges que je reprendrai un peu plus loin à propos de l'excès. Tout au plus, je voudrais évoquer un exemple collectif de degré d'excès en deçà de la zone rouge et un autre exemple, collectif également, de degré d'excès au delà de la zone rouge.

L'exemple collectif illustrant les degrés d'excès en deçà de la zone rouge est celui des marches silencieuses en France au lendemain d'un meurtre ou d'un massacre de plus ou moins d'ampleur commis dans un village, une ville, un pays. Une foule plus ou moins nombreuse se réunit et défile, pour maintenir, marquer, signifier son empathie - - se mettre, pour autant que ce soit possible, à la place de l'autre - aux morts ou au moins à leur mémoire, et pour apporter à leur famille, individuellement et collectivement, un soutien. On peut dire : les marches sont inutiles, elles ne servent à rien, elles ne font pas revenir les morts. Non, elles ne servent à rien et c'est précisément l'un de leurs buts : ajouter au lien social, au subjectif collectif, ce petit quelque chose qui lui donne un peu plus de signification et de sens. Cela n'est pas utile, mais c'est, sans aucun doute, nécessaire.

L'exemple collectif illustrant le degré d'excès au delà de la zone rouge, je l'ai personnellement vécu. Un commando de chasse, comme on appelait ce type de groupe militaire en Algérie, venait de tuer un fellagha. Il fut jeté à l'avant d'une jeep, ramené au cantonnement et exposé à la vue de tous comme un gibier fraichement tué. Sans doute les hommes du commando voulaient venger ainsi leurs camarades tués et mis en scène de la même manière par des fellaghas. D'un côté comme de l'autre, le meurtre était légal, légitime juridiquement, socialement et politiquement ; c'était la guerre. Même si elle s'appelait pacification et n'était pas juste du côté français, les soldats du contingent étaient obligés de la faire. Ce qui se situait au delà de la ligne, de la zone rouges, c'était de mettre un être humain mort au niveau d'un animal tué. Non que l'homme soit supérieur aux animaux - c'est lui seul qui l'affirme -, mais parce que, si l'alerte - *le* politique - n'interdit pas de tuer en cas de guerre - en l'occurrence de guerre juste du côté algérien, injuste du côté français, mais les hommes du commando, soldats du contingent, ne pouvaient s'y soustraire -, elle interdit la profanation du corps d'un être humain après sa mort. Elle interdit de le faire entrer, après sa mort, dans une espèce vivante qui n'est pas la sienne. Rappelons que, lorsque le capitaine Cook fut tué par des « sauvages » et que le chef des « sauvages » lui arracha le coeur et le mangea, le corps fut remis ensuite aux Anglais et rendu à sa famille.

Dans le cas du meurtre par le commando de chasse, le religieux n'intervient pas. S'il eut pu intervenir ou si la tolérance comme repère-limite civil eut été invoquée, l'un et l'autre auraient été refusés par le commando. La ligne, la zone rouges sont franchies. Qui est coupable ?, peuvent s'interroger les bonnes âmes jeunes ou non, chrétiennes ou non, musulmanes ou non. Pénalement, ,personne, puisque, à la guerre, l'acte de tuer ne tombe pas sous le coup de la loi pénale. La profanation civile, non plus. Qui est responsable ? peuvent se demander ceux qui refusent de traiter ce mort humainement. La vengeance justifie, selon eux, la profanation civile. Or c'est la profanation civile qui est à un degré d'excès au delà de la ligne, de la zone rouges. Les membres du commando - mes camarades - sont-ils responsables devant moi, devant l'autre, devant les autres de l'acte profanateur ? Ils sont responsables devant eux-mêmes et devant ceux et celles qui refusent, en référence à l'alerte - *le* politique -, l'acte profanateur. Mais qui peut les juger, sinon eux-mêmes collectivement et individuellement ? Plus simplement, en l'occurrence, même s'ils le savent, ni eux ni d'autres ne diront que l'acte profanateur est à un degré d'excès au delà de la ligne, de la zone   rouges. Tout au plus manifesteront-ils leur totale indifférence. Qu'importe puisqu'il est mort…C'est là où, à mon avis, une explicitation du politique est nécessaire, si nous voulons que, partout, le minimum de rituels qui entourent la mort contribue au vivre en commun.

J'achève ce lot d'exemples par un petit fait minuscule qui se situe à un degré d'excès en deçà de la zone rouge. L'un de mes camarades en Algérie, enfant de l'Assistance publique, peu habitué à se lier, mal à l'aise dans le collectif, reçoit de l'AP son mandat mensuel d'argent de poche. Il vient me trouver, me dit : Avec l'argent que j'ai reçu, accepterais-tu de prendre un pot avec moi ? J'acceptais, nous avons bu ensemble. Il me donnait, je recevais, Il m'a fait comprendre que je ne devais pas rendre.

Racontant l'histoire à un ami avec qui je discutais des enfants de couples où le père est ignoré, je commençai mon récit en disant : Ce jeune était d'une grande tristesse…. Mon ami m'interrompit aussitôt en me disant : Là n'est pas la question. Je ne pus lui dire la suite. Cet acte d'offrir est à un degré d'excès en deçà de la ligne, de la zone rouges. Le don est donné, reçu, mais non rendu ni rendable. Il n'est pas pour autant « normatif », « normal ».

(1) Merci à Christophe pour l'idée de ligne rouge, merci à Anne pour l'idée de zone rouge.

4

LE POLITIQUE

J'en arrive au plus difficile à exprimer par des mots et surtout par des mots écrits. Comme je l'ai annoncé, ce que je vais dire est su, connu de tous, de toutes et de tout(e) un(e) chacun(e), depuis toujours et partout. Et pourtant c'est ce dont on parle le moins, comme si cela allait de soi. Les êtres humains ensemble et individuellement ont à maîtriser sans cesse le conflit amour/haine - le tsunami humain -. Quasiment dans les moindres détails de la vie avec autrui et avec eux-mêmes, ils ont recours, sans même y attacher grande importance et sans même, le plus souvent, songer à le dire, à l'alerte - *le* politique - , pour parer provisoirement aux degrés d'excès *au delà* de la ligne, de la zone rouges. Ils ont sans cesse à tenter la maîtrise du conflit amour/haine - le tsunami humain -, pour pouvoir vivre en commun avec les autres et avec eux-mêmes. Et à partir de certains moments et en de certains espaces de leur vie familiale, sociale et politique, la plupart d'entre eux et elles assurent individuellement cette maîtrise approximative. En d'autres moments et en d'autres espaces, ils l'assurent collectivement entre eux. Ils/elles franchissant, parfois, durablement ou définitivement, dans l'un et l'autre cas - l' individuel et le collectif -, la ligne, la zone rouges. Mais, pour un certains nombre d'entre eux, le franchissement de la ligne, de la zone rouges est accompli par d'autres qu'eux-même et c'est, néanmoins, eux qui en subissent les conséquences. A propos de franchissement de la ligne, de la zone rouges, on peut citer des exemples extrêmes où les mêmes individus se situent, à tel moment, en deçà de la zone rouge, et à tel autre moment, bien au-delà. Ce fut le cas de certains officiers SS ; dans la journée, ils envoyaient à la chambre à gaz et au four crématoire les déportés ; le soir, ils rentraient chez eux et caressaient la tête de leurs enfants. Autre exemple du même genre : un officier SS passe dans une allée du camp, une pomme à la main. Il se trouve en face d'un enfant juif qui joue sur l'allée. Celui-ci regarde avec envie la pomme. Le SS la lui donne. Le jour même, l'enfant était envoyé en chambre à gaz.

Si nous citons ces exemples extrêmes, c'est pour rappeler que l'alerte - *le* politique - n'est pas un ciel, ni même un idéal ; celui-ci demeure toujours à créer individuellement et collectivement. Le ciel, seuls les trois grands monothéismes y ont cru. Les sacrés et les religions hors monde humain - ce qu'ils sont tous, y

47

compris les religions athées - n'y ont pas cru et n'y croient pas. .Pas plus qu'ils n'ont cru et ne croient à l'enfer. Ni les uns, ni les autres - sauf des monothéismes - n'y ont eu et n'y ont recours.

En général, la société nouvelle a exclu légalement de *la* politique tout sacré et toute religion hors monde humain. Mais elle ne les a pas exclus de l'alerte - *le* politique - ce qui pose problème -, ni du social ou du culturel. En principe elle ne les a pas exclus de l'économique et de l'économie, bien que l'autonomie de l'économique et de l'économie par rapport aux autres dimensions de la société les conduise non seulement à une quasi exclusion du religieux par rapport à *la* politique, mais aussi à celle de l'alerte - *le* politique - et de ses repères limite. En ce qui concerne l'alerte - *le* politique - , la discussion, dans nos société, est ouverte. On ne peut oublier que cette alerte - *le* politique - est incrustée, prise dans la plupart des sacrés et des religions hors monde humain, y compris les monothéismes, et aujourd'hui dans le religieux des sociétés humaines.

Mais des » religions séculières », tout en excluant du politique et de la politique le sacré, la religion et le religieux, les copient, les déforment et tirent de ces déformations des modèles. Sécularisées et socialisées, apparemment les sociétés à « religions séculières » - la nôtre avec le capitalisme - ne demandent plus rien - sauf individuellement ou par petits groupes confessionnalisés - au sacré, à la religion, au religieux hors monde humain. Mais, en « sacralisant » le civil, elles peuvent en arriver à un monde non humain, a-humain. Le nazisme a produit l'une des seules sociétés humaines qui a fait élever en principe fondamental, un Tu tueras. A un moindre degré, le stalinisme, le fascisme, le maoïsme, érigeant en principe la construction de l'homme nouveau dans le monde humain, entreprenaient l'éducation des opposants et les éliminaient s'ils ne se pliaient pas à la règle. Ce sont toujours des êtres humains comme moi, comme, nous, comme l'autre, qui en viennent à de telles extrémités.

Le problème des « religions séculières » - sur lesquelles je ne peux insister ici - un autre que moi l'a fait mieux que je ne saurais le faire -, est que, voulant concilier deux modèles, celui du religieux et celui du civil - ce dernier est relativement nouveau —, elles en arrivent elles-mêmes à créer, *dans* le monde humain, l'homme providentiel, modèle lui-même de l'homme nouveau à créer. On le voit aussi bien dans les stalinismes et post-stalinismes, les fascismes, les maoïsmes, les castrismes, les populismes et les dictatures toutes nationalistes. Nous reviendrons, à propos de l'excès, sur l'homme providentiel. L'Etat-Providence n'est pas l'homme providentiel, mais son simulacre en démocratie oligarchique.

Avant d'en venir très directement à l'alerte - *le* politique -, je voudrais aborder succinctement la question de l'idéal individuel et collectif dans les sociétés à religions monothéistes, dans celles à « religions séculières » et dans la société moderne avec le référent cherchant à expliciter l'alerte - *le* politique.

Je n'aborde pas, faute de compétences suffisantes, le problème de l'idéal dans les sociétés à sacrés et à religions athées, mais néanmoins hors monde humain. Dans les sociétés à religions monothéistes, les idéaux individuels et collectifs sont fondés sur le hors monde humain.. Un Livre contient souvent - mêlés à des dogmes, à des prescriptions, à des interdits spécifiques - l'alerte - *le* politique - avec ses repères-limite.   Le fanatisme est un degré d'excès illégitime propre aux sacrés et aux religions, aux monothéismes et aux religions athées. Il est toujours un degré d'excès au delà de la ligne, de la zone rouges. En général, le fanatisme est une déformation d'une grande religion, par exemple d'un monothéisme. Ses partisans reçoivent, par des intermédiaires assignés et parfois institutionnalisés, les ordres à exécuter coûte que coûte, quels qu'en soient les risques pour la vie des exécuteurs et pour celle des exécutés. Le djihadisme est actuellement un exemple de ce type de fanatisme qui n'a rien de nouveau. Il donne parfois un idéal à des individu(e)s qui ne parviennent pas à s'en donner un dans la société actuelle. Le drame est que cet idéal, comme celui du colonialiste, se situe immédiatement au delà de la ligne, de la zone rouges, il détruit, tue ou fait tuer. Mais le fanatisme apparaît aussi dans les religions athées, comme on a pu le voir en Birmanie et en Thaïlande avec le bouddhisme. Il faut garder présent à l'esprit que le fanatisme, y compris chrétien ou juif, est *toujours* une forme atrophiée, réductrice, d'une religion prépondérante dans une ou des sociétés et dans le monde. Les idéaux individuels et collectifs peuvent y être et y sont majoritairement, dans les religions prépondérantes, des degrés d'excès *en deçà* de la ligne, de la zone zone rouges. Même si, dans les sociétés où ces religions dominent, des prescriptions et des proscriptions peuvent être au delà de la ligne, de la zone rouges, le christianisme, la religion musulmane et le judaïsme encastrent en eux l'alerte - *le* politique - , la ligne et la zone zone rouges.

Peut-on parler de fanatisme dans les « religions séculières »? Il s'agit plutôt de croyances totalitaires ou totalitaristes avec toujours, des degrés d'excès globalisés *au delà* de la ligne, de la zone rouges. Les idéaux individuels et collectifs peuvent être ceux d'individu(e)s et de groupes qui s'opposent aux croyances totalitaires et totalitaristes dominant en excès illégitime la ou les sociétés, ils peuvent être aussi et le plus souvent ceux d'une partie plus ou moins importante de la population adhérente ou soumise à ces croyances.

La société moderne fait référence aussi explicitement que possible à l'alerte - *le* politique - avec ses repères-limites communs, partout et depuis toujours, aux êtres humains, à tous et à toutes. Elle fait également référence à la ligne, à la zone rouges. On pourrait penser qu'elle est   protégée contre des degrés d'excès abusifs spécifiés ou contre des degrés d'excès globalisés au delà de la ligne, de la _zone rouges. Comme on le sait, il n'en est rien. La naissance de la société actuelle, entre le XIII° et le XVI° siècle européen, s'est accompagnée de celle du capitalisme, d'abord en Grande-Bretagne, puis, à partir du XIX° siècle, en Europe, en Russie, et, au XX° siècle, en Chine. Il s'est, au XX° siècle, introduit peu à peu, comme une sorte de « religion séculière » dans tous les pays du monde. Il y aurait à analyser - -mais je ne peux le faire ici - , en société actuelle, le privilège donné à l'objet par rapport au conflit amour/haine - le tsunami humain -. Auparavant, dans toutes les sociétés humaines, c'était le conflit amour/haine - le tsunami humain - qui était privilégié par rapport à l'objet. Mais il y aurait aussi à analyser comment le capitalisme comme « religion séculière » a exacerbé ce privilège de l'objet au point de tenter d'assimiler, par instrumentalisation, le subjectif collectif et individuel à l'objet. Il suffit de parler et d'agir avec ceux et celles qui sont autour de soi pour se rendre compte que, pour le moment, il n'a pas encore réussi cette assimilation.

Les idéaux individuels et collectifs dans la société moderne sont d'autant plus difficiles à construire que l'explicitation de l'alerte - *le* politique - comme référentiel indéterminé et indéterminable, mais contenant les repères limite communs aux êtres humains, à tous et à toutes, partout et depuis toujours, est seulement commencée. La société moderne accomplie n'a que deux cents ans d'existence. Elle est un type de société parmi d'autres, tout comme la démocratie est à la fois un régime politique au sens de *la* politique et une manière, parmi d'autres, de vivre en commun. Des idéaux individuels et collectifs n'en sont pas moins construits par les individus et les groupes, idéaux avec des degrés d'excès *en deçà* de la ligne, de la zone rouges. Tel père se dévoue à fond pour aider le dernier de ses enfants à avoir une « bonne vie », tel autre père - que nous avons cité - se bat, après avoir subi d'autrui le pire, pour élever son enfant encore jeune. Au nom de quoi ? Pour quoi ? Si ce n'est en référence à un idéal qui est le leur, mais qui s'articule à l'alerte - *le* politique - avec ses repères-limite. Cet idéal, ils s'efforcent de le tenir à distance d'*idées toutes faites* spécifiées dans la modernité - naturalisme, racisme, sexisme, machisme, théorie des aptitudes innées - ou globalisées par le capitalisme - scientisme, instrumentalisme, technocratisme, managérialisme, économicisme - . Ils s'efforcent enfin de le tenir à distance des pratiques se référant à elles.. Car c'est souvent en référence à ces *idées toutes faites* spécifiés ou/et globalisées et à leurs pratiques que les idéaux, maintenus à des degrés d'excès en deçà de la ligne, de la la zone rouges, peuvent les franchir et contribuer à détruire les relations humaines, les liens et les rapports sociaux, les sociétés.

Qu'est-ce que l'alerte ? Qu'est-ce que *le* politique comme alerte ?

L'une des caractéristiques de la société moderne est nous l'avons dit, qu'elle exclue de *la* politique les sacrés et les religions hors monde humain. Pour l'alerte - *le* politique -, cela reste à discuter. Elle ne les exclue pas du social, du culturel, du pédagogique, ni de l'économique et de l'économie, bien que, nous l'avons dit, l'autonomie de la science et des pratiques économiques conduise quasiment à cette exclusion et à celle de l'alerte - *le* politique -. Mais la société moderne ne les exclue pas de ses dimensions principales, à condition qu'ils admettent, contre le conflit amour/haine - le tsunami humain -, le recours à l'   alerte - *le* politique - et à ses repères limite, ceux sus, connus de tous et de toutes, partout et toujours. Ce que beaucoup de croyants de divers sacrés et religions acceptent d'autant plus que, le plus souvent, je l'ai dit, pour la plupart, les repères-limite de l'alerte - *le* politique - sont déjà, sauf exceptions rares, dans leurs sacrés et dans leurs religions. Ils les acceptent et souhaitent, dans la société moderne,   que soient exclus de *la* politique - mais maintenus dans le social, voire dans le politique sous la forme du religieux - les sacrés et les religions hors monde humain. Mais ils connaissent l'impossibilité de concilier le religieux et la religion avec *une* politique quelle qu'elle soit. Et ils savent les difficultés que peut rencontrer le religieux à devenir compatible avec *un* politique qui n'est plus encastré dans un sacré ou une religion.

La prétendue conciliation du religieux avec ce type de politique au sens de la politique conduit, dans des sociétés à sacrés et religions politiques - hors monde humain, - à des degrés d'excès, dans le monde actuel, *au delà* de la ligne, de la zone rouge - par exemple l'interdiction de toutes méthodes contraceptives ou des impositions restreignant à l'extrême les libertés individuelles et collectives concernant le vêtement, la nourriture, les boissons . Elle conduit aussi au fanatisme. Le type de société actuelle se répand peu à peu à travers le monde, sans pour autant éliminer des sociétés déjà là depuis longtemps fondées politiquement - au sens de *la* politique - sur la religion et le religieux hors monde humain. La difficulté vient, pour elles, de ce que une partie importante de leurs individu(e)s et de leurs groupes veut, désire, à partir de la société actuelle, l'explicitation, l'explication, la mise en écrit ou la proclamation orale de l'alerte - *le* politique - et de ses repères limite. Or ceux-ci peuvent être contredits par des préceptes, prescriptions, proscriptions du religieux ou de la religion ou du sacré hors monde humain. L'inverse étant également possible.

La seule manière, selon moi, de définir actuellement l'alerte - *le* politique - dans la société moderne est de définir ce que j'appelle ses repères limite. La société moderne contemporaine est plus ou moins en crise. Elle est menacée, dans l'alerte - *le* politique - et ses repères-limite, *par l'une de ses dimensions principales actuelles l'économique et l'économie.* Cette dimension autonomisée, toute puissante, est fondée sur une sorte de « religion séculière », le capitalisme. Elle est reprise aujourd'hui par des sociétés totalitaires fondées sur une autre « religion séculière » le marxisme-léninisme (qui, sous ses formes stalinienne ou maoïste, n'a pas grand chose à voir avec la pensée de Marx). Cette religion séculière avec autonomisation de l'économique et de l'économie concerne la Chine, le Laos, le Vietnam, la Corée du Nord, Cuba. Des sociétés dictatoriales sont fondées sur une troisième « religion séculière », le nationalisme. . Dans la société actuelle, l' alerte - *le* politique - et ses repères limite sont menacés également par une petite société et son tout nouvel Etat se réclamant de l'un des grands monothéismes, mais seulement dans le fanatisme. Cette petite société et ce nouvel Etat répandent leur fanatisme, peu à peu, d' individu(e) à individu(e), par le terrorisme.

Enfin- pour en conclure provisoirement sur ce qui le menace, le type de société actuelle devenu visible à partir du XVI° siècle, a été et est lui-même pris au piège, d'abord en Grande Bretagne, du XVI° au XVIII° siècle, puis en Europe au XIX° siècle et, aujourd'hui, dans le monde entier, par cette sorte de « religion séculière » qu'est le capitalisme libéral économique. Le capitalisme s'est constitué comme excès global bien au delà de la ligne, de la zone rouge. Il consiste en une caste de quelques millions d'individus formant de petits, moyens et grands groupes. Cette caste se renouvelle soit par héritage, soit par adhésion plus ou moins formelle à quelques principes de base. Cette « religion séculière », que l'Europe connait depuis cent cinquante ans, le monde depuis une centaine d'années, sans varier ses principes, se met habilement aux couleurs du jour et du temps. Son principe de base repose sur l'idée que l'équilibre s'établit de lui-même entre offre et demande de marchandises sur un marché (« loi » de l'offre et de la demande). Cet équilibre est obtenu par ce qui est appelé la « main invisible ». A partir de ce principe de base, il a été possible, pour quelques-uns, au   XIX° et au début du XX° siècles, par le biais de la toute puissance économique, de s'emparer de la plus grande partie du patrimoine mondial.. Pendant une trentaine d'années (1945-1974), s'est produite une légère diminution de la possession de ce patrimoine par la caste - terres, biens mobiliers et immobiliers, entreprises, bâtiments, etc. (Cf. Piketty)

La caste en a tiré néanmoins le maximum de profit. elle est parvenue à se créer une sorte de paradis sur terre, pour ses individus et ses petits groupes, De ce paradis sont exclus, comme nous l'avons dit, les 9/10 de la population mondiale. Il n'est pas sûr que, parmi ces 9/10 de la population, beaucoup de ses membres aient envie d'entrer dans un tel paradis. et de faire partie de la caste. La vie du tout petit nombre de ceux et de celles qui parviennent à y entrer ne semble guère attirer les autres. La richesse acquise par la caste est supposée, par ses retombées, faire subsister, à des degrés divers d'existence matérielle, soi-disant *en échange* de leur travail, les populations Malgré cette « religion séculière » qu'est le capitalisme libéral économique et la menace qu'elle exerce constamment sur les sociétés actuelles accomplies et sur celles en devenir, le type de société actuel, nouveau, voulu, désiré par un petit nombre d'individu(e)s et de groupes humains a rendu possibles, pour beaucoup, d'innombrables avantages du point de vue démographique, de celui de la santé et du soin, etc. Ces avantages ont été obtenus contre la violence exercée par la caste, contre sa toute-puissance dans l'excès abusif de la domination, contre l'exploitation d'autrui, contre la misère imposée par cette caste à une partie de la population mondiale. Un certain nombre d'êtres humains vivaient en commun avec des degrés d'excès en deçà ou au delà de la zone rouge, degrés d'excès variables selon les types de société, Avec le capitalisme comme « religion séculière »- imposée longtemps sous la forme du colonialisme -, ces êtres humains vivent et subsistent en subissant des degrés d'excès globalisés *au delà* de la ligne, de la zone rouge. Je reviendrai sur ce point à propos de l'excès.

S'il s'agit de définir l'alerte - *le* politique - par ses composantes, il s'agit aussi, pour moi et, je l'espère, pour d'autres, d'admettre que ces composantes, ces repères limite sont, comme je l'ai dit, toujours là, depuis qu'il y a des êtres humains, sinon les humains auraient, depuis longtemps, tous disparu. Ces repères limite sont, si l'on veut, des principes, mais non des dogmes. Leur indétermination, c'est-à-dire la réflexion sur eux, ne peut cesser. La philosophie, les sciences humaines, les sciences exactes, la littérature, le théâtre, la poésie, etc, entretiennent cette réflexion, d'autant plus que c'est à partir de l'avènement du type de société actuelle que les repères limite peuvent devenir explicites et expliqués. Des hommes, des femmes de toutes provenances et de tous métiers se sont efforcés et s'efforcent de les expliquer à eux-mêmes, à elles-mêmes, à soi-même, aux autres, et, par les autres, de nouveau à eux-mêmes, à elles-mêmes, à soi-même .Réflexions nécessaires, si les êtres humains ne souhaitent pas disparaître assez rapidement de la planète. J'ajouterai que, pour mener cette réflexion, l'instruction et surtout l'intellectualisation ne sont pas indispensables. Mais elles peuvent aider, par la théorisation, à préciser, à mieux connaître. J'ai vécu mon enfance successivement avec deux femmes qui ne savaient, ni l'une ni l'autre, lire et écrire. Elles étaient ignorantes, comme on dit. C'est par elles que j'ai appris le conflit amour/haine - le tsunami humain -, l'alerte - *le* politique - et la ligne, la zone rouges. Comme d'autres, je les ai trop souvent, oubliés, négligés. D'autant que le déclin du religieux, qui fait peu à peu disparaître des asservissements intérieurs et extérieurs à l'être humain, élimine aussi, en lui, lorsqu'ils ont leur incrustation dans le religieux, les repères limite. Ce déclin fabrique trop souvent des petits groupes et des individus à double face : si l'on peut dire, celle de la haine et celle de l'amour, la première tendant insidieusement à supplanter l'autre, et la seconde tendant trop souvent à s'allier à l'autre, non seulement pour la supplanter, mais pour la dépasser. Ces petits groupes, ces individus ne peuvent plus se fonder, pour limiter la casse, sur des dogmes, des prescriptions souvent asservissants,, mais seulement sur eux-mêmes, sur soi-même. Certes, bien souvent, leur idéal personnel et collectif vient affirmer leur liberté collective et individuelle. Mais le conflit amour/haine - le tsunami humain - , l'alerte - *le* politique -, ses repères limite, la ligne et et la zone rouges sont-ils suffisamment expliquées, explicites pour que les petits groupes et les individu(e)s à double face, pris dans le conflit amour-haine inhérent à toute vie humaine, puissent non seulement s'en sortir, mais contribuer à ouvrir la réflexion de tous, de toutes et de tout(e) un(e) chacun(e) vers un « inconnu à creuser » (Lefort) ? C'est à cette explicitation et explication que ce texte, venu de et destiné d'abord à quelques amis, puis à tous ceux et celles qui auront envie de le lire, voudrait modestement apporter un petit plus.

Je donne une liste des principaux repères-limite que j'appelle l'alerte - *le* politique, autrement dit l'avertissement qui nous retient de franchir définitivement la ligne, la zone rouges - comme l'ont fait les membres de la caste -. D' autres listes, plus complètes, sont possibles. Je retiens le permis/défendu, la transmission, le don, le renoncement - à distinguer de la renonciation -, l'autorité, l'altérité, la reconnaissance, le rapport à autrui, la réciprocité, l'identité, la liberté, l'égalité, la fraternité, la responsabilité, la justice. Comme je l'ai dit, d'autres listes sont possibles, dans un autre ordre, avec des repère-limites auxquels je ne pense pas .Il y en a un qui se rapporte au pouvoir : le possible et l'impossible. Mais je ne peux en parle ici. Je reviens brièvement sur chacun des repères-limites communs de la liste.

D'autres repères-limite nous sont communs, même s'ils n'apparaissent pas en mots dans les langues des sociétés où, néanmoins, ils se   manifestent : des repères de base comme, par exemple, la légitimation et la légitimité sociales et politiques, des repères limite de la vie courante : éthique, morale droit, droits, idéologies positives, utopies positive, ceux du social et du politique implicites, ceux du social et du politique explicites, ceux de la politique. Certains d'entre eux, notamment des repères limite du type de société moderne, sont spécifiques à ce type. Je les présenterai dans un autre ouvrage, comportant ce que j'appelle des glossaires, au moins esquissés, de la vie en commun : glossaire synthétique et glossaire alphabétique

Le permis/défendu

L'exemple-type en est l'interdiction de l'inceste. Elle ne se borne pas à l'interdiction de la sexualité entre parents proches. Mais elle s'étend à ce que le permis/défendu interdit de trop rapprocher, sinon de confondre : le public et le privé, la passion et l'intérêt, l'être humain et l'animal ou la plante, le bien d'autrui et le sien propre, etc. Certes le permis/défendu peut prendre des formes sociales et culturelles diversifiées, notamment dans les sociétés à sacrés et à religions hors monde humain, dans les coutumes, les habitudes : manger du poisson, jamais de la viande, le vendredi ; dans un pays donné rouler en voiture à droite mais non à gauche, ou à gauche mais non à droite, etc. Le permis/défendu est commun à tous les êtres humains et aucune société ne s'en est dispensée, sinon la vie en commun eut été impossible. Le don apparaît comme enclencheur dans le permis/défendu. Le permis est donné par ceux et celles, groupes et individu(e)s, qui, dans les relations humaines, les liens et les rapports sociaux et politiques, ont autorité et pouvoir pour le donner ; le défendu est donnée, en société, en principe par des instances dont l'autorité est reconnue de tous et de toutes. Le don-poison peut donner, selon les types de société et les cultures, du permis ou/et du défendu en deçà de la ligne, de la zone rouge. Il peut donner aussi, dans le travail,, par le don pour l'échange marchand économique transformé en don-poison abusif, du permis ou/et du défendu *au delà* de la ligne, de la zone rouge. Il est permis à des employeurs, sans aucune limite législative ou autres, de donner à des salariés des « salaires » au SMIC -

quand il existe - ou au dessous du SMIC, il est interdit implicitement et plus ou moins explicitement à ces salariés de revendiquer un *salaire* au dessus de celui de subsistance Faut-il y voir un défaut de la loi juridique , des droits , des mor ale est des éthiques etc pou une explicitation insuffisante, une connaissance t rop implicite des repères-limites que tous et toutes nous nous efforçons de pratiquer ?
Je donne ici un essai d'explicitation de quelques repères limites; tout en sachant qu'ils continuent à relever de la connaissance par la réflexion quotidienne et par les sciences humaines.

La transmission

Elle se fait sous un certain nombre de formes : pensées, paroles, actes, ouvres, choses transmises d'une génération à l'autre, non seulement par les parents aux enfants mais par les adultes aux plus jeunes, par des jeunes à des adultes, par des vieillards à des adultes, par des jeunes et des adultes à des adultes devenus vieillards. Le don enclencheur se manifeste comme don et dette. Il y a dette de ceux et celles qui reçoivent vis à vis de ceux et celles qui transmettent. C'est l'exemple classique du don des parents reçu par les enfants, il y a don-transmission à ceux et à celles qui vont suivre, ce qu'on appelle les nouvelles générations, et c'est ce don qui, de générations en générations, comble la dette due aux premiers transmetteurs. (Alain Caillé). Malgré la personnalisation des idéaux ou celle de leur production en petits groupes, ces idéaux peuvent être donnés, reçus, transmis *en deçà* de la ligne, de la zone rouges. Quand il s'agit d'*idées toutes faites,* il peut y avoir transmission de ces idées *au delà* de la ligne, de la zone rouges, par exemple dans le cas du racisme ou du paternalisme. Il y a également transmission de degrés d'excès *globalisés au delà de la ligne, de la zone rouges*, par exemple transmission du capitalisme ou du totalitarisme.

Le don

Le don est, je l'ai dit, l'enclencheur des repères limite. Mais, je l'ai dit aussi et vais y revenir, il est don pour l'autre, sous la forme du don pour recevoir et sous celle du don pour l'échange. Sous ces deux formes, il apparaît dans toutes les sociétés, avec des modalités sociales et culturelles aussi diversifiées que possible. Aujourd'hui, il apparaît sous une forme prépondérante, celle du don pour l'échange marchand économique, par la production, la vente et l'achat de biens et de services. Cette forme prépondérante n'exclut pas, comme on peut le constater, les autres formes : de paroles, de sentiments, de cadeaux à recevoir ou/et à rendre. Notons que le don pour recevoir, s'il ne présuppose pas, à proprement parler, un rendu, ne peut se dispenser de toute réciprocité, à moins de témoigner, comme cela a été dit (par Caillé), d'un « insondable mépris » vis à vis de ceux et de celles à qui il est donné.

Le renoncement

On l'appelle aussi sacrifice. Le sacrifice est un don, comme l'a montré le M.A.U.S.S. (Mouvement Anti-utilitariste en Sciences Sociales). En toute société, celui ou celle qui donne se prive, pour lui-même, de ce qu'il donne. Il y renonce, qu'il s'agisse d'un groupe ou d'un(e) individu(e). Le rendu peut venir combler, en un temps plus ou moins long, le vide, la perte créée par le renoncement. S'il s'agit d'un don pour recevoir, le renoncement, la privation sont définitifs, qu'il s'agisse d'un don de temps, de monnaie, de bien, de service, d'objet. Le renoncement est particulièrement visible dans le pouvoir de et le pouvoir sur, dans la volonté de et la volonté sur. L'un et l'autre présupposent le désir c'est-à-dire un manque, une absence à combler que je, nous, l'autre, les autres peut(vent) renoncer à combler.

L'autorité

L'autorité - à ne pas confondre ni rapprocher trop vite du pouvoir - puise, selon moi, dans les quatre repères-limites - permis/défendu, transmission, don, renoncement - sa signification et son sens. Elle est, pour les êtres humains, un don qu'ils font à une personne, à un texte, à un sacré, à une religion, à un ou des principes éthiques et moraux. Ce don consiste en des « lieux » de reconnaissance et d'identité et notamment de reconnaissance et d'identité pour les êtres humain et par eux. Elle rend possibles des relations humaines, des liens et des rapports sociaux et politiques. Elle rend possibles également, pour et par les êtres humains, la reconnaissance et l'identité de pensées, de paroles, d'actes, d'oeuvres, d'êtres vivants, de choses, d'objets fabriqués.

De même que le renoncement est impossible sans le don qui l'enclenche, l'autorité ne se met en place que comme don et par le don, C'est ce qui lui donne la possibilité de reconnaître et et d'identifier.

L'altérité

L'altérité peut s'illustrer directement par un exemple. Lorsque Christophe Colomb arrive à la Dominique, des canots remplis de fruits viennent vers les caravelles et les échanges commencent entre les marins espagnols et ceux et celles qu'ils vont appeler Indiens et Indiennes. Ces échanges, comportent un don - les fruits -, un reçu par les marins et un rendu - de la pacotille -, rendu fait par les marins aux Indiens en échange des fruits, Les Indiens voient dans ces êtres qu'a priori ils ne connaissent pas, qu'ils ne reconnaissent pas, d'autres qu'eux-mêmes., c'est-à-dire des êtres humains. Ils ne sont pas des ancêtres ou des héros mythiques à qui ils donnent, de qui ils reçoivent, mais avec qui ils n'échangent pas ; ils sont des êtres humains, des semblables à eux parce qu'ils échangent avec eux.

La reconnaissance

Je garde, pour la reconnaissance, l'exemple précédent. A la suite de l'altérité, la reconnaissance peut se faire. Les Indiens accueillent Christophe Colomb et ses marins. Ils les reconnaissent d'autant plus comme humains, semblables à eux, que l'un des Espagnols meure ; or les ancêtres et les héros mythiques ne meurent pas. En revanche, les Espagnols ne voient pas dans les Indiens des êtres humains semblables à eux. Ils ne les reconnaissent pas comme êtres humains, ni d'ailleurs comme êtres vivants - animaux ou plantes - ; ils leur donnent un statut d'hybride entre l'être vivant et l'être vivant humain.

La réciprocité

La réciprocité est éventuelle, bien qu'il y ait toujours, à moins d'un « insondable mépris « comme celui des conquistadors espagnols, entre les êtres humains un peu de réciprocité. Elle est éventuelle, intentionnellement et virtuellement, dans le pouvoir, la volonté, le désir. Elle est, par désir explicite, par choix et décision, réellement, un don pour l'échange c'est-à-dire un don donné, reçu et rendu. Mais la réciprocité est plus de l'ordre de l'intentionnel que du réel. Le réel c'est le don pour l'échange. Aujourd'hui, le don pour l'échange marchand économique peut s'accompagner, mais seulement dans l'économique, du don pour recevoir. L'« insondable mépris » de celui ou de celle qui donne réapparaît, si, dans l'échange pour recevoir, il/elle sait que l'autre ne pourra jamais rendre. L'humiliation invivable et insupportable apparaît alors chez celui ou celle qui sait, sous le regard méprisant de l'autre, qu'il lui sera toujours impossible de rendre.

Le rapport à autrui

Le rapport à autrui est celui à un collectif humain généralisé. Quel que soit le type de société, il est impossible de vivre en commun sans admettre un rapport individuel et de groupe avec le collectif en soi, celui que forment des êtres humains assemblés en groupe ou des groupes d'humains assemblés. Ce rapport à autrui est impossible sans le don à ce collectif généralisé. .C'est le partage à la chasse chez les chasseurs-cueilleurs du paléolithique supérieur, ce sont, par exemple, les impôts dans la société actuelle. Tous, toutes et et tout(e) un(e) chacun(e) - sauf les fraudeurs et fraudeuses - se donnent l'obligation de donner. Le rapport à autrui peut être un don sans rendu. Mais, si, entre individus ou groupes, il se borne à l'économique, si le donneur - une nation par exemple - sait que l'autre - l'autre nation - ne pourra jamais rendre, et si le receveur/nation sait qu'il lui sera toujours impossible de rendre, l'« insondable mépris » et l'humiliation invivable et insupportable réapparaissent,

L'identité

L'identité est, par exclusion, l'inclusion dans un groupe. Elle est un don ou, au moins, elle est enclenchée par un don. L'individu se fait, parfois, à lui-même ce don ; le groupe, les groupes se le font à eux-mêmes, l'individu et le groupe le font à d'autres. L'identité est aussi un don fait aux êtres vivants, aux choses, aux objets fabriqués, au moins don de leur nom, pour qu'ils puissent être reconnus comme tels dans les relations humaines, les liens et les rapports sociaux. L'identité est toujours donnée. Ne se la donner qu'à à soi-même n'a de sens que si elle est reconnue par d'autres. .Elle prend signification et sens de venir aussi d'ailleurs. Elle ne peut - sauf au delà de la ligne, de la zone rouges - se réduire au même, à l'identique.

La liberté

J'ai défini précédemment la liberté. Elle se situe dans l' écart entre le désir et l'alerte - le politique - et ses repères limite. La grande borne de la liberté est de ne pas nuire à autrui . « La liberté est le droit de faire tout ce qui ne nuit pas à autrui ». La nuisance à autrui n apparaît, en deçà de la ligne, de la zone rouges, que dans la légitime défense, dans la guerre juste et et aujourd'hui dans le soin. Dans les sociétés actuelles, une certaine contrainte dans le soin peut être nécessaire, pour garantir et réparer la santé. physique et mentale collectivement et individuellement..La liberté est donnée, prise et reçue. Dans l'écart entre le désir et les repère limite dont elle fait partie, elle prend toute son ampleur. Elle ne fait pas partie, comme on le croit souvent, du groupe ou de l'individu lui-même, mais, en tout état de cause, elle lui est donnée par un ou des individu(e)s, par un ou des groupes, comme *possibilité* dans la société où il vit, même si cette société est elle-même une société asservie. Elle peut lui être donnée par certaines de   ses institutions, notamment et d'abord celle parentale. L'institution parentale peut aussi, selon les types de société et de cultures, réduire la liberté de l'individu, du groupe familial - la fratrie -. L'individu, le « nous » se la donne à lui-même, à nous-mêmes à partir d'un nous ou de plusieurs nous ; l'individu et le groupe la donnent à l'autre, à d'autres en transmission. Un individu, un groupe peuvent la prendre lorsqu'ils ne l'ont plus, A la fois prise, donnée et reçue, voire rendue, elle n'est pas demandée, sauf dans le judiciaire. Elle est de droit, comme l'autorité. Elle peut être une conquête pour celles et ceux qui ne l'ont pas, ou pour celles et ceux qui l'ont eue et l'ont perdue. Une anarchiste espagnole disait que, face à son bourreau, elle gardait le peu de liberté qu'elle se donnait à elle-même.; elle l' avait reçue en étant anarchiste ; dans l'écart entre son désir et les repères limite que, malgré le bourreau, elle-même se donnait, elle était encore libre.

La fraternité

La fraternité est un commun qui s'incarne, s'incorpore. Elle résulte, selon moi, d'un savoir commun donné à tous par rapport au corps. Nous savons tous et toutes, que, pour pouvoir naître, nous avons été porté(e)s pendant un temps, mesuré ou non,, dans le corps d'un autre être humain. Malgré le conflit amour/haine, malgré le choix toujours possible d'un degré d'excès au delà de la ligne, de la zone rouges, nous avons tous et toutes, jusqu'à aujourd'hui, le « souvenir » que des êtres humains, pour que nous existions individuellement et collectivement, nous ont portés un temps dans leur corps.

La responsabilité

C'est, selon moi, une mesure. C'est, en principe, une mesure par le poids connu, réel ou virtuel. Une société, un groupe, un individu ne peuvent survivre sans responsabilité collective et individuelle. Elle est, pour moi, la *mesure* des degrés de l'excès *en deçà* et *au delà* de la ligne, de la zone rouges. Au delà de la ligne, de la la zone rouges, elle devient irresponsabilité. Celle-ci ne peut être confondue avec la non responsabilité. Cette dernière est reconnue, par exemple par des tribunaux, à des individus ou des groupes qui ont été contraints, sans pouvoir s'y soustraire. de commettre un acte dont les degrés d'excès se situent au delà de la ligne, de la zone zone rouges. Tels ces hommes du commando de chasse qui, dans une guerre qui n'était pas juste, la guerre d'Algérie, avaient tué un fellagha. La non-responsabilité pénale est également reconnue aux enfants et   à des individu(e)s ayant des pathologies mentales   graves.

Responsabilité et irresponsabilité se mesurent par rapport à soi, à l'autre, aux autres, à autrui et par rapport aux objets vivants, aux choses, aux objets fabriqués. Je suis, nous sommes responsables, en grande partie, de mon/notre état physique. Je suis/nous sommes responsables des degrés d'excès de dommages (art. 1384 du Code civil) ou d'avantages faits à l'autre, aux autres, à autrui, en deçà ou au delà de la ligne, de la zone zone rouges. Un préfet de police prit ainsi la responsabilité de supprimer l'usage abusif des klaxons de voitures qui créait, dans toutes les grandes villes, un bruit difficilement supportable, tant pour celles et ceux qui le produisaient que pour celles et ceux qui, en l'entendant, le subissaient. D'un jour à l'autre, Paris devint à demi silencieux.

En revanche, il est irresponsable de jeter à terre, sur un trottoir mouillé par la pluie, un morceau de plastic. En marchant dessus, quelqu'un(e) peut glisser, se blesser gravement ou se tuer. Sans que jamais il/elle sache qu'il//elle a blessé ou tué, l'auteur(e) des blessures ou du meurtre en est néanmoins responsable. C'est ce que j'appelle la responsabilité ou, en l'occurrence, l'irresponsabilité vis à vis d'autrui. Sommes-nous responsables de la peste en Chine ?, me disait, il y a bien longtemps, un ami. Certainement pas individuellement, mais, très probablement collectivement, dans la mesure où la société où je vis, où nous vivons ne fera rien, n'aura rien fait pour prévenir ou guérir la peste en Chine. Le dirigeant d'un grand laboratoire pharmaceutique racontait qu'averti de quelques cas de variole dans un pays de l'Amérique latine, le laboratoire envoya une équipe d'infirmier(ère)s qui apprirent très rapidement sur place à de nombreux individus du pays concerné à faire une piqûre. Dans le même temps, le laboratoire envoya, par avions-cargos, une grande quantité de vaccins. L'épidémie de variole ne se produisit pas et des milliers de vies humaines furent sauvées.

On a reproché à une ministre de la santé d'avoir fait acheter par l'Etat, en grande quantité, un vaccin, pour enrayer le risque d'expansion d'une grippe dangereuse, en rendant la vaccination contre cette grippe obligatoire. Peu d'individu(e)s se firent vacciner, mais, néanmoins, cette grippe ne se répandit pas. D'où les reproches à la ministre, par une certaine presse et certains médias - pas tous - d'avoir, par précipitation, gaspillé l'argent public. La ministre en question - dont je ne partage pas les idées politiques - eut le courage de ne pas répondre. Devant un risque réel, elle avait pris ses responsabilités. Si elle n'   avait prévu aucune mesure, au cas où cette grippe dangereuse se serait répandue, elle eut été considérée, à juste titre, politiquement, au deux sens du terme politique, comme responsable des conséquences de l'épidémie et d'avoir fait preuve d'irresponsabilité en ne prévoyant pas les mesures à prendre. Pharmacienne de formation et donc, mieux que d'autres, avertie du risque, elle savait qu'en franchissant, par indifférence, en l'occurrence par défaut (excès illégitime socialement et politiquement) la ligne, la zone rouges, elle eut été à la fois irresponsable, mais responsable de l'expansion de l'épidémie. Dans l'épidémie de grippe de cet hiver (3016)2017), semble-t-il moins grave que la précédente, le ministère de la Santé a pris néanmoins la précaution de recommander aux usagers un certains nombre de « principes « d' hygiène qui peuvent contribuer à restreindre le nombre des malades.

La justice

La justice - représentée par une balance - ne mesure pas seulement en degrés d'excès en deçà et au delà de la ligne, de la zone zone rouges. Le degré d'écart entre le désir et les repères limite fait apparaître la liberté. C'est dans cet espace et ce temps d'écart que, selon moi, elle se loge. Or le degré de liberté de moi-même individu, des individus et des groupes n'est guère concevable ni praticable sans un certain degré de justice. L'équilibre approximatif entre les deux plateaux de la balance est une mesure de la justice qui se situe en deçà de la ligne, de la zone rouges et assure un certain degré de liberté. Le déséquilibre réel, plus ou moins marqué, entre les deux plateaux se situe, comme excès abusif, au delà de la ligne, de la zone rouges ; il est l'injustice et il prive de liberté.

L'égalité

L'égalité n'est pas concevable sans les repères limite et, tout particulièrement, sans le don, la liberté, la fraternité, la responsabilité et la justice. Le don est son enclencheur ; nous nous donnons l'égalité, je me la donne, tout comme nous nous donnons, je me donne la liberté, nous la prenons, je la prends. Personne - sauf les divinité, les héros mythiques des religions et des sacrés - ne peut la donner. aux autres. Quand je dis qu'elle nous est donnée par la société où nous sommes, c'est toujours par nous-mêmes, par soi-même qu'elle nous est donnée.. Nul individu ou groupe ne peut, en société moderne, me donner mon égalité avec autrui, ni ma liberté vis à vis de lui. Nul ne peut nous donner notre égalité avec autrui, notre liberté vis à-vis de lui. C'est parce que nous sommes libres que nous sommes égaux, c'est parce que nous sommes égaux que nous sommes libres. Cela dit, ce sont toujours des individus et de groupes qui donnent à chaque individu naissant dans une société la possibilité de sa liberté et celle de son égalité. Même si le libéralisme politique, qui a le mérite de penser la liberté et l'égalité contribua comme tel à la Révolution française, au sens strict du terme dans le libéralisme, a fortiori lorsqu'il est économique,, les individus et les groupes ne se donnent pas la liberté, elle leur est donnée, octroyée par quelques-uns d'entre eux, ce n'est pas moi qui me la donne, ce n'est pas nous qui nous la donnons, elle ne nous est pas donnée comme possibilité. Dans l'égalitarisme, forme de l'égalité au delà de la ligne, de la zone rouges, individu(e)s et groupes ne se donnent pas l'égalité, elle leur est donnée, octroyée par quelques-uns d'entre eux, ce n'est pas moi qui me la donne, ce n'est pas nous qui nous la donnons. Dans le libéralisme économique - qui a quasiment absorbé le libéralisme politique -, il y a tentative d'unification, création d'une sorte de liberté absolue par en haut qui aboutit, comme on a pu le voir et comme on le voit, au totalitarisme, au populisme, au capitalisme. Dans l'égalitarisme, l'unification par en haut prétend aboutir à l'égalité absolue, Elle a mené au despotisme, elle mène au capitalisme et aux dictatures nationalistes. L'auto-émancipation ne peut se faire que par nous-mêmes, par soi-même, notamment par l'égalité, la liberté et la justice dont, en société, nous est donnée ou non la possibilité Il n'y a pas d'égalité sans fraternité, aussi « discrète » soi-elle. Nous savons tous, je l'ai dit, que, pour naître, nous sommes issus d'un corps d'être humain, Cette égalité/fraternité n'est pas donnée, elle nous est inhérente. Que l'égalité se soit toujours mesurée par rapport à la responsabilité vis à vis d'autrui et de soi-même, comment un être humain pourrait-il en douter, qu'il soit chasseur-cueilleur ou grand manager ? Que la femme du chasseur-cueilleur ou celle du grand manager ait été *toujours jusqu'à maintenant* dominée en degré d'excès au delà de la ligne, de la zone rouges, elle le sait ou le saura tôt ou tard, même si elle vit cet excès abusif de domination en « servitude volontaire ». Une gifle en pleine figure est toujours une gifle, quel que soit le degré de « masochisme » d'un homme ou d'une femme.

L'égalité approximative résulte d'une évaluation approximative de la justice lorsqu'il y a, en deçà de la zone rouge, équilibre approximatif entre les deux plateaux de la balance. L'inégalité résulte d'une évaluation de l'injustice, lorsqu'il y'a, au delà de la ligne, de la zone rouges, déséquilibre marqué entre les deux plateaux de la balance.

Nous ne revenons pas sur le don enclenchant la liberté, la fraternité, la responsabilité, la justice et l'égalité comme repères limite.

Tous les repères limite sont susceptibles, intentionnellement et virtuellement, puis par choix, décision, partition entre le raisonnable et le déraisonnable, de déborder le conflit amour/haine - le tsunami humain -. Une fois franchie la ligne, la zone rouges, ils sont susceptibles, par trop d'amour ou/et trop de haine, de produire des degrés d'excès au delà de la ligne, de la zone rouges, destructeurs des relations humaines, des liens et rapports sociaux et politiques,, des sociétés, de leurs êtres vivants, de leurs choses, de leurs objets fabriqués. Nous reviendrons sur ce point à propos de l'excès.

Ce ne sont pas les morales et les éthiques qui, dans les sociétés civiles actuelles, donnent signification et sens aux repères-limites. Cela n'est possible que dans les sociétés où ces repères-limite sont pris, encastrés dans des sacrés, des religions, du religieux. Le confucianisme, par exemple, qui est une religion sans dieux ni Dieu, incorpore encore, plus ou moins, en Chine, les repères-limite encastrés dans sa morale et son éthique.

 Les sociétés modernes ont exclu de *la* politique le religieux et le sacré hors monde humain. Elles mettent en débat l'inclusion de ces derniers dans l'alerte - *le* politique Dans ces sociétés, dans les pouvoirs, les désirs, les volontés virtuels et intentionnels, les choix, les décisions, les partitions entre le raisonnable et le déraisonnable, les attitudes et comportements, les dons pour recevoir, les dons à l'autre, les dons pour l'échange, les pouvoirs, les volontés, les désirs explicites, les relations humaines dans les liens et rapports sociaux et politiques, les actes et les oeuvres, *ce sont les individu(e)s et les groupes petits, moyens ou grands qui articulent morales personnelles et collectives et éthiques collectives - par exemple professionnelles - et ce qu'on appelle également les déontologies à l'alerte - le politique - et à ses repères-limites.*

Il en est de même, en modernité, pour ce qui concerne le droit et les droits. Ceux-ci ne prennent signification et sens explicites, expliqués, que parce que des individus et des groupes - et pas seulement des juristes et des magistrats - les articulent à l'alerte - *le* politique - et aux repères limite. Il n'y a pas, comme le pense la plupart des juristes, un droit et un non droit. A partir de ce que les individus et les groupes pensent, disent et font, vivent dans leurs relations humaines et dans leurs rapports et liens sociaux et politiques, les juristes élaborent le droit, les droits, tandis que les magistrats élaborent, à partir des lois votées par les représentants élus d'une population, la jurisprudence. Ce sont les êtres humains qui articulent le droit, les droits, la jurisprudence à l'alerte - *le* politique - et à ses repères limite. Les juristes et les magistrats ne sont pas les « maîtres » du droit et des droits, pas plus que des individus et des groupes ne sont les « maîtres » des morales et des éthiques. Ce sont les êtres humains qui peuvent articuler morales, éthiques, droit, droits, jurisprudence à l'alerte - *le* politique - et aux repères-limites. Les sacrés, les religions hors monde humains encastrent, le plus souvent, en elles, l'alerte - le politique -. Ceux-ci demeurent implicites, pris en eux/elles. Avec le type de société actuel, ils s'explicitent, se pensent, se disent, s'écrivent dans le monde humain, dans le droit et les droits articulés à eux/elles. Le « nouveau modèle » constitue, pour ceux et celles qui le choisissent et le souhaitent, une nouvelle manière de vivre, un nouveau vivre en commun. On peut noter également que le droit, les droits, la loi et la jurisprudence sont modifiés, au cours du temps, par les morales personnelles et collectives, par les éthiques toujours collectives. Ils le sont aussi par les formes sociales, culturelles et politiques au sens *du* politique que peuvent prendre l'alerte, le politique et ses principaux repères limite - ceux que nous avons énumérés -. Par exemple, la déclaration des droits des femmes, celle des enfants sont venues modifier et compléter la déclaration des droits de l'homme datant de 1787 aux Etats-Unis, celles, en France, datant de 1789 et de 1848, celle à l'ONU datant de 1948. Autre exemple : le droit du Travail, rassemblé dans le Code du Travail, est, en France, en cours de modifications, compte-tenu des nouveaux problèmes posés, dans les sociétés contemporaines, par les accords d'entreprises et les accords de branches. Une équipe réunie autour d'un juriste réputé, engage une refonte approfondie du Code du Travail. Notons enfin que les idéologie ou idées toutes faites, qui font partie du politique, agissent toujours négativement, par leurs pratiques, sur les repères limites, sur les morales et les éthiques, sur le droit et les droits, sur le pouvoir, la volonté, le désir, la décision, les liens et rapports sociaux, les oeuvres, la politique. Dans le nouveau Code du Travail, son insérés des articles qui, du fait du prince (les ordonnances), sont illégitimes socialement et politiquement, bien que légitimes juridiquement et légalement.

Un dernier exemple, dans ce chapitre, voudrait illustrer la manière dont le droit, sous la forme de la loi, peut produire des degrés d'excès au delà de la ligne, de la zone rouges et rendre la loi inique. Par ses degrés d' excès abusif, une première loi refuse l'alerte - *le* politique - et ses repères-limite. L'exemple voudrait montrer comment, sous l'action d'individu(e)s et de groupes conscients de l'iniquité de cette loi,. une nouvelle loi est élaborée en 1975, remplaçant la précédente qui datait de 1921. Par ses degrés d'excès en deçà de la ligne, de la zone rouges, la nouvelle loi accepte l'alerte, le politique et ses repères-limite.

Il s'agit de la loi contre la contraception,votée en 1921, qui punissait de mort les avorteurs(euses). En 1975, insultée grossièrement par des députés à l'Assemblée nationale, violemment attaquée par les adversaires de la contraception soutenu(e)s officiellement par l'Eglise catholique, Simone Veil parvient à faire voter la loi pour la contraception et l'interruption volontaire de grossesse. On peut dire que le législateur change le contenu du droit, de la loi et de la jurisprudence et lui substitue celui des droits quand ils sont articulés à l'alerte - *le* politique - et à ses repères limite. Mais ce qui apparaît dans cet exemple, c'est que les droits, le droit, la jurisprudence *peuvent* être iniques,   c'est-à-dire *au delà* de la ligne, de la zone rouges. C'est bien pourquoi, pour éviter les débordements du conflit amour/haine, sont à expliciter, à expliquer sans cesse, en société actuelle, l'alerte - *le* politique - , ses repères limite et la ligne, la zone rouges sus, connus de tous et de toutes partout et depuis toujours, mais méconnus, « oubliés »(« l'oubli du politique », disait Lefort). Sans lui, sans eux, sans elles, nous ne pouvons pas, a minima, vivre en commun. Leur explicitation, leur explication peut peut-être contribuer, aujourd'hui, à rendre ce vivre en commun meilleur.

5

LA POLITIQUE

Dans ce bref aperçu d'un sujet très vaste, il n'est guère possible de s'étendre sur *la* politique. Je me bornerai à rappeler l'idée qui me paraît toujours oubliée dans la production de la politique : c'est la société - le social et *le* politique - qui se donne *la* politique. Elle se la donne tout en la mettant simultanément à distance d'elle. Elle se donne *la* politique à distance maximale du social et *du* politique. Avec la politique produite   elle rompt le don pour l'échange, notamment, en principe, le don pour l'échange économique marchand. Une fois la rupture du don pour l' échange accomplie, elle privilégie, avec *la* politique, le don pour donner et recevoir et le don pour autrui.

 La distance qu'elle obtient par la rupture du don pour l'échange ne se veut pas, ne se désire pas une séparation. Elle se veut, se désire toujours *en deçà* de la ligne, de la zone rouge. Ce sont des excès globaux comme les totalitarismes fasciste, nazi, stalinien, maoïste les dictatures nationalistes ou les populismes, qui créent la séparation entre la société et la politique, malgré le fantasme de confusion entre les deux. L'un de ces excès globaux au delà de la ligne de la zone rouges est le capitalisme. Par son action sur *la* politique, et notamment par l'élitisme, il influence la loi électorale, les candidatures et les votes possibles, de telle sorte que la mise à distance de la politique par la société devienne une quasi séparation.

 La société moderne donne à la politique, non ses propres institutions, celles qu'elle s'est créée - la famille, la parenté, l'association, le syndicat, le parti, etc.- mais des institutions spécifiques telles la Constitution, le Conseil Constitutionnel - la Cour suprême aux Etats-Unis -, etc. Elle lui donne le législatif - en France l'Assemblée nationale et le Sénat qui, rassemblés, constituent le Parlement - . Elle lui donne l'exécutif - en France, l'institution de la présidence de la République, celle du gouvernement avec le Premier ministre, celle des ministères -. C'est l'ensemble législatif/exécutif qui constitue l'Etat.

Il est dommageable pour une société de confondre ses institutions politiques au sens de *la* politique avec son Etat. C'est créer un degré d'excès, dans *la* politique, qui franchit la ligne, la zone rouge. Le capitalisme y trouve son compte, qui veut, désire des individus politiques au sens de *la* politique doués d'aptitudes innées nourries par le mérite et par l'effort. Est censée se créer ainsi, sur le modèle de l'élite économique, une élite politique - les hommes d'Etat ou les hommes politiques - dans un empyrée qui leur est .propre. La politique est, en principe, le lieu que nous nous donnons, où nous donnons, et d'où l'on nous donne durablement.

Dans la démocratie représentative, les députés sont donnés à la politique, c'est-à-dire élus par un vote d'*individu(e)s* sociaux et politiques. au sens *du* politique. L'exécutif est en principe responsable devant le législatif. Mais l'un et l'autre sont responsables par rapport à l'alerte - *le* politique - avec ses repères limite. L'exécutif choisit, décide, fait partition entre le raisonnable et le déraisonnable. Les membres des institutions politiques au sens de la politique choisissent, décident, certes au nom du droit et des droits, de la légitimation et de la légitimité juridique et légale, mais aussi au nom de la légitimation et de la légitimité sociales et politiques.

Le choix de Bush junior de déclarer la guerre à l'Irak, sous le prétexte - faux - que cette nation possédait des armes de destructions massives, était déraisonnable. Le président de la République et le Premier ministre refusèrent d'engager la France dans l'aventure. Dans un discours devant l'ONU, reconnu convaincant aussi bien par la droite que par la gauche françaises, le Premier ministre fit part du désaccord de la France en ce qui concernait ce conflit. En l'occurrence, la couleur politique des gouvernants français importait peu.

L'exécutif choisit, décide entre la légalisation et l'illégalisation, entre le légal et l'illégal, entre la légitimation juridique, la délégitimation et l'illégitimation juridiques, entre la légitimité et l'illégitimité juridiques. Mais, ce qui est le plus souvent oublié, c'est qu'en fonction de ses choix et décisions légaux et juridiques, il a aussi toujours à choisir, à décider, entre, d'une part, la légitimation et la légitimité, d'autre part   la délégitimation, l'illégitimation et l'illégitimité *sociales et politiques*.. Cela en tenant compte du conflit amour/haine - le tsunami humain -, de l'alerte - *le* politique et de la ligne, de la zone rouges.C'est ce qu'oublie Frédéric Lordon dans son livre, au demeurant courageux, sur les affects de la politique. Spinoza découvrait le conatus, l'énergie humaine, il augurait la démocratie (dans le Traité politique), mais il ne pouvait aller plus loin. Se borner à ce ce qu'il dit et le transformer en réquisit est dangereux, comme le montre l'exemple du « chien enragé ».

En revanche, qu'il s'agisse du législatif, de l'exécutif et du judiciaire, certains actes et certaines oeuvres ne relèvent ni de la légalisation et de la légalité, ni de la légitimation et de la légitimité, ou de la délégitimation, de l'illégitimation et de l'illégitimité juridiques. Mais *tous* les actes et *toutes* les oeuvres relèvent à coup sûr de la légitimation et de la légitimité ou de la délégitimation, de l'illégitmation et de l'illégitimité *sociales et politiques*. Pour reprendre un seul exemple du côté de la délégitimation, de l'illégitimation et de l'illégitimité sociales et politiques, le législateur français condamne la débauche de mineurs et fait de l'inceste, en cas de débauche de mineurs, une aggravation du délit. Mais, s'il n'y a pas eu contrainte ou violence, l'inceste entre adultes consentants, quel que soit leur proximité parentale, ne relève pas, en France, de la loi pénale. Mais il relève partout et toujours, en toute société humaine, à toute époque et en tout lieu, de la délégitimation, de l'illégitimation et de l'illégitimité *sociales et politiques*. Le conflit amour/haine avec, du côté de l'amour, un degré d'excès possible au delà de la zone rouge, avec refus de l'alerte - *le* politique - et de l'un de ses repères-limites le permis/défendu, peut conduire, dans le débordement de ce conflit, par don-poison abusif et sans limite, à la destruction de liens et de rapports sociaux et politiques. L'alerte - le politique - et la zone rouge contribuent, dans ce domaine, à maintenir *en deçà* de la zone rouge les liens et rapports sociaux et politiques entre parents quels qu'ils soient, consanguins, non consanguins, d'adoption. Notons que le mariage civil entre adoptants et adoptés est, en France, interdit par la loi.

La société se donne à elle-même, comme je l'ai dit, l'alerte - *le* politique -, tout en le maintenant à distance d'elle-même. Elle se donne à elle-même *la* politique. Elle donne à la politique, volontairement ou par obligation. Les individus et les groupes sociaux et politiques donnent à la politique des impôts, dons auxquels en principe ils s'obligent et qui, en tout état de cause, sont obligatoires. Le don volontaire est également possible, en temps, en oeuvres, en biens donnés pour être reçus.

La politique donne à la société, au social et au politique, aux individus et aux groupes sociaux et politiques. Elle leur donne la légitimité et la légalité de ses propres administrations financières, culturelles, économiques, de ses institutions politiques - Cours et Conseils, tribunaux -, mais aussi la légalité et la légitimité juridiques des institutions sociales et politiques que la société se donne à elle-même : le mariage, le divorce ou, dans un autre registre, les associations, les syndicats, les partis politiques. La politique donne à la société des routes, des transports, des hôpitaux, des biens matériels ou culturels, des choses.

A propos du don de la société à la politique et du don de la politique à la société, on parle souvent de don et de contre-don. L'expression contre-don me semble, en l'occurrence, inadéquate. Il s'agit selon moi, d'un *double don*. La société donne, la politique donne. Des deux côtés, il y'a don pour donner et recevoir et don pour autrui, c'est-à-dire don pour le collectif généralisé. La rupture du don pour l'échange étant la condition pour que le société produise la politique, *le don pour l'échange n'apparaît pas entre la société et la politique, ni entre la politique et la société.* Apparaissent seulement des dons pour l'échange marchand économique, par exemple, pour un(e) individu(e) dans une administration, une quantité de travail fournie par cet(te) individu(e) *en échange* d'un salaire c'est -à-dire d'une quantité de monnaie. Mais on retrouve alors, dans la politique, le degré d'excès spécifique au delà de la ligne, de la zone rouge qui apparaît d'abord dans l'économique. Dans le bas de la classe moyenne et dans la classe ouvrière, a fortiori pour les chômeurs, les précaires ou les sans abris touchant le Revenu d'Aide Sociale (RSA) et les minimas sociaux, il s'agit d'un *don* dans l'échange marchand économique, don comme revenu d'existence et de subsistance, soit pour pouvoir revenir travailler chaque matin, soit pour ne pas mourir de faim, de soif et de froid.

Je ne peux en dire plus sur la politique. Une erreur par rapport à elle, dans les sociétés d'avant la société actuelle et dans celles actuelles, c'est de l'avoir réduite au pouvoir politique. Des sociétés qui veulent, souhaitent, désirent le type de société actuel, le « modèle nouveau » continuent d'inclure dans la politique leur sacré, leur religion, leur religieux hors monde humain. Selon moi, dans le type de société actuelle, l'inclusion du sacré, de la religion, du religieux dans la politique est impossible. Dans les sociétés qui veulent, souhaitent, désirent la modernité, mais qui maintiennent dans la politique leur sacré, leur religion, leur religieux hors monde humain, ce maintien pose de graves problèmes, comme on peut le voir par exemple en Iran.

Dans la modernité, le rapprochement, parfois la confusion entre l'autorité politique et le pouvoir politique, sur le modèle de l'autorité et du pouvoir politiques dans les sociétés à sacré, religion, religieux hors monde humain, créent, chez les individu(e)s et les groupes citoyens et citoyennes, une tendance à se tourner toujours vers le haut. Cette tendance se manifeste par la recherche, l'attente de l'homme providentiel à qui un pouvoir politique maximum, défini seulement par le commandement et l'obéissance, serait à attribuer. Cette tendance se manifeste également par la recherche, l'attente de l'Etat Providence, c'est-à-dire d'un législatif et d'un exécutif ayant, l'un et l'autre, par commandement et obéissance, le pouvoir politique de distribution, de redistribution et de protection. De lui sont recherchés, attendus, des

« secours », des « aides » etc. pour les plus démuni(e)s, des privilèges, des prébendes, des avantages divers pour ceux qui ne le sont pas.

Or ce sont des institutions politiques au sens de la politique, données, mises en place, en signification et en sens par les institutions sociales et politiques, qui ont à assurer les droits des plus démuni(e)s, et autant que faire se peut, un degré de liberté, de justice et d'égalité, fondé sur la responsabilité, situé *en deçà* de la ligne, de la zone rouges et maintenu entre tous les individu(e) et les groupes présents dans la société, qu'ils soient citoyens ou non.

. En ce qui concerne l'homme providentiel, en France le présidentialisme actuel est venu de la décision de de Gaulle de donner au président de la République le pouvoir politique et de ne donner au Premier ministre qu'un pouvoir en quelque sorte délégué par le président. Sous les III° et IV° Républiques, le président de la République n'avait aucun pouvoir politique. Il était élu par le Parlement - Assemblée nationale et Sénat -. Son autorité politique était, sous la III° République, celle que lui donnait l'autorité de textes ayant valeur constitutionnelle, à laquelle s'ajoutait celle du Conseil d'Etat et de la Cour des Comptes. Cette autorité politique du président de la République garantissait le pouvoir politique du Président du Conseil des ministres qui gouvernait le pays. Sous la IV° République, cette autorité politique du président de la République était celle que lui donnait la Constitution, le Conseil d'Etat et la Cour des Comptes. De la même manière, elle garantissait le pouvoir politique du président du Conseil des ministres. Sous la V° République, le pouvoir politique du président puise son « autorité » - qui devient une autorité-pouvoir politique - dans l'autorité de la Constitution de 1958 et, à partir de 1962, également dans celle du Conseil constitutionnel. Il la puise également, sous la forme d'autorité-pouvoir, dans l'autorité des Cours et Conseils. Elle est également légitimée par l' élection du président au suffrage universel . Autrement dit, il n'y a plus, à proprement parler, d'autorité politique du président de la République. Elle est confondue avec son pouvoir politique - monopole de la violence physique légitime, si l'on veut - et cette confusion est garantie par les autorités précitées. Cette autorité-pouvoir du président peut augmenter, diminuer, faire plus ou moins disparaître le pouvoir politique que celui-ci délègue, de son propre chef, au Premier ministre.

L'élection du président de la République au suffrage universel n'est guère contestable en soi. Elle assure sa légitimation et sa légitimité politiques au sens de *la* politique, celle sociale et politique au sens de l'alerte - *le* politique - , de la ligne et de la zone rouges. Elle contribue néanmoins - ce qui ne peut être sa finalité - à renforcer le pouvoir politique du président. Une majorité relative ou absolue, de droite ou de gauche,-lui assure, au plan du législatif, les votes majoritaires de ses choix, de ses décisions, de ses partitions entre le raisonnable et le déraisonnable. Sur ces derniers, *le* Conseil des ministres, que désormais il dirige, n'a qu'une influence modérée.

Si était restituée par la Constitution au président de la République son autorité politique, elle garantirait le pouvoir politique du Premier ministre qui, dès lors, pourrait gouverner. S'il est donné par la Constitution et son autorité, par l'autorité des Cours et Conseil, légitimation et légitimité à l'institution présidentielle, certains pouvoirs politiques peuvent être légalement et légitimement ceux du président, par exemple en politique étrangère et en politique intérieure au niveau du maintien ou du changement d'institutions politiques (au deux sens du terme politique). Garant, par son autorité politique restaurée, du pouvoir politique du Premier ministre, ayant lui-même des pouvoirs politiques vers l'extérieur et à l'intérieur du pays, il peut être, par rapport à d'autres sociétés, le garant de la vie en commun sociale et politique, au double sens du terme politique, de sa société, garant de l'alerte - *le* politique-, de la ligne, de la zone rouges maîtrisant plus ou moins le conflit amour/haine - le tsunami humain.

Le prochain chapitre sur l'excès voudrait insister sur le fait que la recherche d'une vie sociale et politique (au deux sens du terme politique) garantie autant que possible par un président de la République auquel serait restituée son autorité politique n'est pas celle de la vie sociale et politique la meilleure, mais celle d'une meilleure vie en commun. Autrement dit, le président peut être le garant d'une vie sociale et politique où l'on peut tenter de « s'opposer sans se massacrer » par allophobie, xénophobie, naturalisme, racisme, sexisme, machisme, etc. Ajoutons que le président peut être le garant d'une vie sociale et politique où l'on peut tenter de se rapprocher sans se confondre au point de faire disparaître les autres avant de se faire disparaître soi-même, où l'on peut tenter également de se distancer sans se mépriser, s'exploiter,   s'opprimer par scientisme,   technocratisme, instrumentalisme, économcicisme., élitisme. Il peut être enfin garant d'un ensemble d'institutions à maintenir ou à transformer, voire de nouvelles institutions garantissant une démocratie non oligarchique - ce qui n'est pas le cas actuellement. Si le personnage politique élu, mais destitué en partie de son autorité politique, apparaît surtout comme le tenant d'un pouvoir politique à base oligarchique, parler de la France et des Français, de la cohésion nationale, de l'identité nationale qui risque de devenir une identité nationale d'Etat, tout autant qu'invoquer rituellement les valeurs républicaines Liberté, Egalité, Fraternité peut tourner à la « langue de bois ».   Comment s'étonner que les membres de la société civile cherchent, à chaque élection, dans le président de la République,,   l'homme providentiel ? Comment s'étonner qu'il tende lui-même, malgré des efforts visibles en sens contraire, à se modeler sur cette image ? Comment s'étonner, sans préjuger des catégories d'appartenance de celles et de ceux qui se sont abstenus, du grand nombre d'abstentions aux dernières élections législatives (2017)?

6

L'EXCES

Admettons que, par   le conflit amour/haine - le tsunami humain - dans les individu(e)s, dans les groupes petits, moyens ou grands, les corps humains, eux-mêmes corps vivants, avec leur cerveau spécifique, se sollicitent entre eux, sollicitent les êtres vivants, les choses, les objets fabriqués, les objets abstraits et concrets, les objets de la nature vivante ou inanimée, ceux que ces corps produisent. Admettons qu'ils sont sollicités par eux-mêmes comme objets humains, individuellement ou ensemble. Admettons que cette sollicitation d'objet par les corps humains et cette sollicitation d'objet aux corps humains ne soient possible que parce qu'il y a le conflit amour/haine - le tsunami humain - ; que nous soyons assemblés ou que je sois seul, il se manifeste toujours en moi, en nous êtres humains,. Admettons que l'alerte - *le* politique - nous soit donnée par des repères limite. Ces repères limite, nous les produisons ensemble et individuellement. Nous sollicitons les objets et nous sommes sollicités par eux. Admettons que l' alerte - le politique -, avec ses repères-limite, nous indique, toujours et partout, plus ou moins nettement, la ligne, la zone rouges à ne pas franchir. Moi-même, soi-même, nous-même, je veux, nous voulons, désirons a minima vivre en commun, construire ma/notre vie ensemble. Je ne veux pas,, nous ne voulons pas, je ne désire pas, nous ne désirons pas détruire les autres, nous-mêmes, soi-même et moi-même. Nous savons que les repères-limite nous obligent à renoncer à construire ou/et à détruire dans l'excès abusif et dans l'illimitation. Admettons que l'alerte - *le* politique - avec ses repères limite nous indique comment faire face au conflit amour/haine - le tsunami humain -. Ces repères limite bornent, sinon par la haine, au moins par une certaine réserve, sinon un certain *renoncement,* le débordement de l'amour destructeur, *P*ar l'amour   se construisant *en aimance,* c'est-à-dire, selon moi commentant Alain Caillé, *en un amour qui se connaît autant que possible lui-même,* ils *résistent* au débordement de la haine destructrice. En nous maintenant, autant que possible, en deçà de la ligne, de la zone rouge, en luttant pour ne pas la franchir, nous pouvons, nous voulons, nous désirons vivre à peu près en commun sans nous détruire comme humanité et sans détruire ce qui rend celle-ci possible : les êtres vivants, les choses, etc.

Est-ce là qu'il faut poser la question de l'excès ? A vrai dire, parler de l'excès, c'est, dans le langage courant, parler de ce qui se produit négativement, lorsqu'est dépassée une certaine limite. Par exemple l'excès de vitesse en voiture est considéré comme négatif ; il peut tuer celui ou celle qui conduit la voiture, celles ou ceux qui sont dedans, un ou une autre automobiliste. Mais, disant cela, on n'est pas plus avancé qu'auparavant. On peut dire que, lorsqu'il est en excès de vitesse, l'automobiliste a franchi la ligne, la zone rouges. Auparavant, on peut dire qu'il est, en ce qui concerne l'allure de son véhicule lorsqu'il ne fait pas d'excès de vitesse, en deçà de la ligne, de la zone rouge. On peut dire qu'il est dans la norme, plus largement dans le normal, le normatif. Mais, là encore,, si l'on veut savoir tant soit peu comment un individu, dans un groupe, un ensemble de groupes, des sociétés, dans un certain degré d'excès de l'amour ou dans un certain degré d'excès de la haine, se détruit, cela ne nous avance guère. Comment et pourquoi des djihadistes, radicalisés pat Daech, massacrent-ils des consommateurs à Paris aux terrasses des bistrots, des promeneurs à Nice sur la promenade des Anglais ? Comment et pourquoi des individus, surtout des hommes, (Hitler, Staline, Mao, Mussolini), incapables de tuer eux-mêmes une mouche, ont détruit des centaines de milliers, sinon des millions d'êtres humains ?

Un ami me dit sans commentaire : J'ai tué un homme. Comment ? Pourquoi ? Il ne m'a pas donné d'explication. Est-ce en état de légitime défense ? Auquel cas, juridiquement, pénalement, socialement, politiquement, moralement, éthiquement, il est en deçà de la ligne, de la zone rouges. Mais, s'il était en état de légitime défense, son acte n'est-il pas néanmoins lesté d'un degré d'excès ? Lequel ? Celui en deçà ou celui au-delà de la ligne, de la zone rouges ?

Moi-même, étant de garde dans un village en Algérie, je me suis refusé à tirer sur un groupe de personnes que je voyais très précisément dans la lunette d'une mitrailleuse. J'exposais ainsi mes camarades et les habitants du village que je gardais à être massacrés par les fellaghas. Mon acte était-il lesté d'un degré d'excès ? En l'occurrence, l'était-il en deçà ou au delà de la ligne, de la zone rouges ? Si oui ou si non, comment ? pourquoi ?

Enfin, choisissons un acte banal : boire un verre d'eau. Là encore, ce sont les circonstances qui vont « déterminer » s'il s'agit d'un acte lesté d'un degré d'excès en deçà ou au-delà de la ligne, de la zone rouges. Si je bois un verre d'eau dans le désert sans le partager avec quelqu'un qui meurt de soif, est-ce un acte lesté d'un degré d'excès au delà de la ligne, de la zone rouge ? Apparemment oui. Mais quelle est la « nature » de cet excès ? Si, en revanche, je prends de l'eau pour boire à un robinet dont tous et chacun peuvent se servir, où est, dans mon acte, le degré d'excès en deçà ou au delà de la ligne, de la zone rouges ? Il s'agit, à coup sûr d'un acte lesté d'un degré d'excès *en deçà* de la ligne, de la zone rouges. Mais pourquoi ?

S'il est admis que le conflit amour/haine - le tsunami humain - est toujours là, dans chaque groupe humain et individuellement, on peut dire que, dans la mouvance même de la vie sociale et politique, l'excès est toujours présent, qu'il s'agisse d'un verre d'eau à boire, de ma propre vie ou/et de celle d'un autre ou d'autres. C'est au moins, très prudemment, la première idée que je me permets d'avancer sur l'excès. Il est partout, en nous, en moi, en autrui, dans les êtres humains, dans les êtres vivants, dans les choses, les objets fabriqués où nous le mettons. Je peux me servir d'une balle en caoutchouc pour jouer ou pour blesser.

S'il y a excès en tout et partout, il y a responsabilité, autrement dit *mesure* de l'excès, aussi bien dans les actes et les oeuvres, les liens et rapports sociaux, les dons, les attitudes et les comportements, les choix, décisions, partitions entre le raisonnable et le déraisonnable, dans le désir, la volonté, le pouvoir, dans les repères limite, notamment dans la liberté, l'égalité et dans la justice.

Le problème est de savoir s'il y a un degré zéro de l'excès. Pour ma part, je donne comme première *mesure* manifeste de l'excès le degré zéro + 1. Car cela permet à l'individu(e), au groupe, au décideur, à la décideuse, aux gouvernants et gouvernantes, de mesurer des degrés d'excès, non seulement à l'aune du droit et des droits, des morales, des éthiques et des idéologies négatives ou positives, mais aussi à celle de l'alerte - *le* politique et de ses repères-limites. Mais ceux-ci sont eux-mêmes susceptibles, par excès abusif d' amour ou par excès abusif de haine, du débordement du conflit amour/haine - le tsunami humain.

Le degré zéro + 1 de l'excès permet de mesurer des degrés d'excès en deçà, dans, au delà de la ligne, de la zone rouge. Je rappelle que la ligne et la zone rouges sont le temps et l'espace du choix, de la décision, de la partition individuels et collectifs notamment entre le raisonnable et le déraisonnable.

Il y aurait à se demander - mais je ne le ferai pas ici - si, lorsque mon chien me mord, il s'agit d'un acte lesté d'un degré d'excès au delà de la ligne, de la zone rouges. Il y aurait également à se demander, lorsqu'un objet mal placé ou contondant me blesse, s'il s'agit de la production d'un degré d'excès au delà de cette ligne, de cette zone rouges.

Comme je le pense hypothétiquement et provisoirement, dans la mouvance de la vie sociale et politique quotidienne et élargie, mouvance provenant du conflit amour/haine - le tsunami humain -, il y a des *degrés d'excès*. Sur ces degrés d'excès, la psychanalyse et le neurosciences nous en diront peut-être un jour un peu plus.

Mesurés à l'aune de l'alerte, du politique et de ses repères-limites, par la conscience immédiate que nous en avons tous et toutes et, que nous soyons rassemblés ou que je sois seul, par celle de la ligne, de la zone rouges à ne pas franchir, les degrés d'excès peuvent demeurer en deçà de cette ligne, de cette zone rouge. La mesure des degrés d'excès peut être visible ou invisible, non dite ou dite, implicite ou explicite.

Je pense qu'à moins d'être un(e) grand(e) schizophrène ou un(e) grand(e) mélancolique, je ne veux pas, ne désire pas franchir la ligne, la zone rouges. J'ai conscience de la limite à ne pas dépasser si je ne veux pas, ne désire pas - je le peux toujours - franchir la ligne, la zone rouges, tuer, blesser,humilier, détruire, nuire gravement à moi-même, à l'autre, aux autres, à autrui, à l'environnement naturel, aux choses, aux objets fabriqués. Si je suis, nous sommes des êtres humains, je le sais, nous le savons, peut-être pas dans la petite enfance, mais très vite dans l'enfance. D'un enfant autiste une psychanalyste me disait, en employant les termes habituels : il sait distinguer le bien du mal. Ces termes, je ne veux plus les employer à cause de leur signification et de leur sens pseudo-religieux. Ils ne me paraissent valables que dans les sacrés, les religions, le religieux hors monde humain où d'ailleurs, le plus souvent - sauf exception rare, par exemple le nazisme qui est une « religion séculière » -, les repères-limites sont encastrés dans le religieux. Je pense que la psychanalyste voulait me dire : il sait approximativement distinguer le légitime de l'illégitime.

Degrés zéro + 1 de l'excès, des excès dans la vie quotidienne et élargie, mesurés néanmoins à l'aune de l'alerte - *le* politique et de ses repères-limite, degrés d'excès maintenus autant que possible en deçà de la ligne, de la zone rouges. Degrés approximatifs zéro + 1, 2, 3, 4,...etc. de l'excès, des excès, maintenus si possible, et, comme on dit, tant bien que mal, *en deçà de* la ligne, de la zone rouges. Degrés d'excès, des excès *dans* la ligne, la zone rouges, avec les hésitations, les attentes, les retours en arrière, etc. qu'ils supposent. Degrés d'excès, des excès *au-delà* de la ligne, de la zone rouges - elle est franchie -, degrés d'excès que j'appelle spécifiés, degrés d'excès que j'appelle globalisés.

Les degrés d'excès approximatifs maintenus si possible et autant que faire se peut en deçà et dans la ligne, la zone rouges

Ils sont multiples, se marquent, à chaque instant de notre vie, dans nos pouvoirs *de* et *sur*, nos volontés *de* et *sur*, dans nos désirs, nos choix, nos décisions, nos partitions entre le raisonnable et le déraisonnable, nos attitudes et comportements, nos dons pour recevoir, nos dons pour l'autre, nos dons pour autrui, nos dons pour l'échange, nos pouvoirs, volontés, désirs visibles s'accomplissant, nos relations humaines, nos liens et rapports sociaux, nos actes, nos oeuvres, notre politique - celle que nous créons -. Tant que toutes ces productions de notre vie demeurent en deçà et dans la ligne, la zone rouges, la vie en commun est possible, toujours et partout, que l'on soit chasseur-cueilleur partageant le gibier et les plantes, ou que l'on soit ouvrier, paysan, partageant, aujourd'hui, les tâches dans les activités sans cesse à accomplir, dont on peut penser qu'elles seront peut-être un jour, un peu plus, des activités auto-productives de nous-mêmes et des choses.

Mais les degrés d'excès au delà de la ligne, de la zone rouges nous guettent. Le plus souvent, la plupart d'entre nous les évite, les refuse, les repousse. Les grandes palinodies sur les « gens » « ignorants », « passifs », « nuls », « égoïstes », etc. ne correspondent, le plus souvent, qu'à des fantasmes d'individu(e)s et de petits groupes du haut de la classe moyenne, ou de ceux, bourgeois, proches et attirés par la « caste paradisiaque », fantasmes reflétés par certains médias qui s'adressent surtout à eux.

Ce n'est pas parce que beaucoup d'individus et de groupes veulent vivre tranquilles chez eux, entourés d'un voisinage supportable c'est-à-dire ni trop indifférent, ni trop « collant », ni trop bruyant, que, pour autant, ils ne participent pas à une vie en commun. Ils la maintiennent, autant qu'ils le peuvent, à l'écart des excès abusifs de la domination, du mépris, de l'oppression et de l'exploitation. Ils la maintiennent aussi, autant qu'ils le peuvent, à l'écart de tous les degrés d'excès au delà de la ligne, de la zone rouges qui se manifestent par les pratiques d'*idées toutes faites,* celles venant par exemple du naturalisme, du racisme et du sexisme. Il n'y a pas besoin d'être un grand ou une grande intellectuel(le) pour se maintenir, non « dans les clous », mais dans la connaissance et la prise en compte effectives des repères-limite qui sont ceux de tous, de toutes et et de tout(e) un(e) chacun(e).

Prenons un exemple dans la vie quotidienne, en haut de la classe moyenne Dans cet exemple, les degrés d'excès, pour la plupart, sont en deçà de la ligne, de la zone rouges. Il s'agit d'une famille de vignerons habitant une petite maison en province, dans une région vinicole. La mère est ancienne professeure des écoles à la retraite. Le père cultive ses vignes, fait son vin, le vend. Ils ont élevés quatre enfants, aujourd'hui tous adultes, mais encore non mariés ni pacsés, néanmoins en compagnonnage. Qu'ils produisent, comme tout un chacun(e), tous et toutes, des degrés d'excès au delà de la ligne , de la zone rouges, c'est certain. Mais ils ne les poussent pas, par excès abusif d'amour ou par excès abusif de haine, au point de détruire des individus, des groupes, de l'environnement et des choses. En ce qui concerne l'environnement, ils respectent leur environnement naturel, n'emploient pas systématiquement des substances pouvant nuire aux êtres humains, aux animaux et aux plantes. En ce qui concerne leur rapport à l'autre, aux autres et à autrui, des tensions peuvent se manifester vis à vis de personnes de leur entourage familial qui frôlent, sinon parfois franchissent la ligne, la zone rouges et peuvent maintenir plus ou moins durablement des degrés d'excès au delà de cette ligne, de cette zone rouges. Mais ils sont très largement mêlés à des degrés d'excès en deçà de cette ligne, de cette zone. En ce qui concerne le rapport à l'argent, l'un des membres de cette famille tend à s'endetter un peu trop et un peu trop longtemps, par des emprunts. Mais il semble bien décidé à rembourser ses dettes, dès que des circonstances familiales prévisibles le lui permettront.

Voilà des degrés d'excès individuels et collectifs qui, au niveau du subjectif et de l'objectif, parce que s'y pose la question du conflit amour/haine - le tsunami humain - de l'alerte - *le* politique - de la ligne, de la zone rouges, apparaissent communs à tous les êtres humains, non dans la norme et le normatif diversifiés par les types de société et les cultures, mais dans des degrés approximatifs d'excès en deçà de la ligne, de la zone rouges. Ils ne sont pas constructeurs abusifs au point que que, par excès d'amour pour les biens propres, ils en viendraient à les détruire, par exemple en saccageant l'environnement naturel par des bâtiments plus ou moins utiles. Ils ne sont pas, dans l'immédiat, destructeurs abusifs au point qu'ils aboutissent à des destructions irréversibles, par exemple la suppression d'espaces pour les animaux ou les plantes, ou la mise en danger, par des travaux trop risqués ou trop durs, de vies humaines. On pourrait citer en grand nombre des exemples urbains, en cités, en banlieues, qui corroborent l'exemple campagnard, et cela dans tous les pays du monde. Ils sont suffisamment faciles à trouver pour que je me dispense de les chercher et de les commenter ici.

On voit qu'il ne s'agit pas du bien et du mal, même s'il y des éthiques et des morales articulées à l'alerte - *le* politique - et à ses repères-limite. En l'occurrence, la famille citée ne se revendique d'aucune religion particulière, même si une certaine tradition catholique y est conservée.

On pourrait montrer également, à travers des exemples, ue les degrés d'excès approximatifs en deçà de la ligne, de la zone rouges se manifestent dans les institutions sociales et politiques et dans les institutions politiques. Les syndicats, les partis politiques, les associations, les institutions de santé et de soin (Sécurité sociale, institutions hospitalières, sanitaires) ne peuvent, en tant que telles, que relever des degrés d'excès en deçà de la ligne, de la zone rouges, même si une petite partie de l'opinion publique, dans la bourgeoisie et dans le haut de la classe moyenne, s'acharne sur l'*idée toute faite* d'assistanat et refuse l'accès de ces institutions aux immigrés et aux étrangers. La Couverture Mutuelle Universelle (CMU), le Revenu d'Aide Sociale (RSA), l'allocation d'aide au logement, lorsqu'ils bénéficient aux citoyens et aux étrangers, ne peuvent, en tant qu'institutions, relever de degrés d'excès abusifs.

Tout ce que l'on peut dire c'est que, dans ces institutions, des degrés d'excès au delà de la ligne, de la la zone rouges peuvent apparaître. A la Sécurité sociale, les fraudes ne représentent pas 2% par an de l'ensemble des cas traités. Enfin, je rappelle que ces institutions concernent tout particulièrement des individu(e)s et des groupes dans des classes et des catégories sociales qui, en général, ne sont pas les plus nantis matériellement et socialement. Est-ce sur eux qu'il faut concentrer l'attention publique, pour dénoncer les degrés d'excès au delà de la ligne, de la zone rouges? Est-ce les minimas sociaux ou l'APEL qu'il faut diminuer ? Est-ce le chômeur, la chômeuse qu'il faut s'acharner à « formater » dans leurs comportements pour la recherche d'un travail ? De telles attitudes ne tels actes, même entérinés par la loi, ne constituent-elles pas des délégitimations, des illégitimation s et des illégitimité sociales et politiques ? Quitte à lasser mes lecteurs et lectrices d'ultra-gauche dont je respecte les convictions, je pense, pour ma part, en élargissant la question, que les institutions démocratiques actuelles, telles qu'elles fonctionnent dans les sociétés modernes, assurent, a minima, une limite quasi absolue, tant qu'elle dure, par rapport aux totalitarismes, aux dictatures nationalistes et aux populismes. Mais je pense aussi que ces institutions démocratiques, dans les sociétés modernes, ne sont pas parvenues à empêcher le renouvellement constant d'une oligarchie élitiste, qu'elle soit politique, sociale, culturelle, économique. *L'absence d'institutions et d'instances délibératives dans les sociétés modernes, notamment dans le bas de la classe moyenne, dans la classe ouvrière, chez les précaires et les ans abri contribue à maintenir, dans ces sociétés, une hiérarchie fixe de classes et de catégories sociales, très peu marquée par la mobilité sociale.* Cette absence se manifeste notamment au niveau des classes et des catégories sociales les moins nanties matériellement et, socialement ; du coup, leurs individu(e)s et leurs petits groupes, s'ils le veulent, le désirent, ont quelque mal à accéder, faute de ressources, à la culture savante, à la connaissance réfléchie intellectuellement. Du coup elles sont renvoyées, par une soi-disant élite, au non savoir, à l'ignorance, sinon pire, alors que leur perception et leur réflexion sur ce qu'elles vivent, savent et font sont fondées sue l'intuition, le sentiment et l'expérience.   Ce renvoi à la soi-disant ignorance est un degré d'excès au delà de la ligne, de la zone rouges qui peut contribuer à détruire lentement ces sociétés. Mais il peut aussi nuire aux sociétés qui souhaitent, désirent, veulent non seulement faire entrer, dans leur type de société, une partie ou l'ensemble du « modèle nouveau », mais aussi donner à ce « modèle nouveau » des éléments oubliés, appartenant, dans leurs religions et leurs sacrés, au politique de tous les êtres humains.

Les degrés d'excès au delà de la ligne, de la zone rouge spécifiés par des idées toute faites et par leurs pratiques dans la société moderne

Avant de parler des degrés d'excès globalisés au delà de la ligne, de la zone rouge, je voudrais mieux analyser la question des *idées toutes faite*s et de leurs pratiques. Elles tiennent à la société moderne et y sont apparues avec elle. Elles peuvent reprendre parfois de très anciennes formes d'excès légitimes ou illégitimes, par exemple la domination des hommes sur les femmes ou les châtiments corporels de l'enfant. Mais, par leurs degrés d'excès au delà de la ligne, de la zone rouges, elles sont spécifiées dans la société actuelle et dans celles qui veulent, désirent le « modèle nouveau ». On les appelait les idéologies, elles étaient, elles sont des idéologies négatives (qui n'excluent pas les idéologies positives). Elles sont des idées toutes faites venant parfois remplacer les ancêtres, les divinités, le Dieu unique ou les emblèmes des « religions athées » par le naturalisme, en mettant le corps et la nature comme cause unique des phénomènes sociaux. Les degrés d'excès refusant l'alerte et le politique et franchissant la ligne, la zone rouges peuvent être ceux qui se produisent, dans le type de société actuelle, sous la forme de ces pensées, de ces *idées toutes faites dites idéologies négatives,* produites en commun. Ce n'est pas, comme on le croit, parce que chacun les reprend à son compte. Le commun, produit par les corps humains, seuls ou en communication, corps sollicitant les objets et sollicités par eux, peut construire, au delà de la ligne, de la zone rouges, du côté de la seule destruction, autrement dit peut détruire par l'amour se retournant en haine. Mais il peut aussi détruire directement, par la haine d'êtres humains portant ces idées toutes faites, des êtres vivants, des choses, des objets fabriqués., des pensées, des pratiques.

J'énumère quelques *idées toutes faites dites idéologies négatives* et pratiques spécifiées du « modèle nouveau » découlant de ces idéologies négatives. Elles se constituant comme degrés d'excès spécifiés abusifs, au delà de la ligne, de la zone rouges, dans le type de société actuelle : le naturalisme, le racisme, la xénophobie, l'allophobie, l a théorie des aptitudes innées.

Le naturalisme

Le naturalisme remplace Dieu par la nature. Il fait de celle-ci la *cause* de toute pensée, de tout acte, de toute oeuvre. « Nous sommes faits par la nature » dit Michel Onfray. Ainsi se trouve détruit le subjectif humain et, avec lui, une partie de l'objectif, aussi bien dans le comportementalisme que dans une certaine médecine et notamment, pendant longtemps, dans la psychiatrie. La phrase de Onfray est, selon moi, par ailleurs démentie par presque tout ce qu'il écrit.

Le racisme

Le racisme consiste à marquer, à étiqueter les êtres humains selon une caractéristique soi-disant spécifique de ce qu'ils sont biologiquement et humainement, et selon leur catégorie d'appartenance définie par cette caractéristique : couleur de la peau, soit disants doigts griffus, ou nez crochus, albinos, jumeaux, etc.

La xénophobie

Elle consiste à considérer comme un ennemi l'étranger, celui qui n'appartient pas à la société où l'on se situe soi-même. Il peut même être considéré commun ennemi à abattre. La xénophobie peut être renforcée par le racisme.

L'allophobie

Elle peut se définir comme le refus de considérer n'importe quel autre être humain comme son semblable,. Mais elle consiste aussi à considérer la chose, l'animal, la plante, l'objet fabriqué comme n'ayant aucune signification ni aucun sens donnés par des humains. Ce qui est destructeur de l'être humain et de la nature, par le productivisme, le consumérisme, l'obsolescence programmée et l'accumulation des déchets.

La théorie des aptitudes innées

Enfin, pour citer un dernier exemple d'*idées toutes faites* spécifiques à la société actuelle - il y en a beaucoup d'autres -, la théorie des aptitudes innées attribue ou non à chaque individu(e) des possibilités innées, inscrites dans son corps, d'accomplir ou non des tâches plus ou moins complexes. Par exemple un ouvrier a la possibilité innée, par son corps, d'agir, par tel geste, sur la chaîne. En revanche, il n'a, sauf exception, aucune possibilité (aptitude) innée à faire des études. Jointe à l'effort, l'aptitude innée produit le mérite, la méritocratie, garante de l'élite et de l'élitisme. Cette théorie es aptitudes innées a été depuis longtemps démontrée fausse y compris par des chercheurs très conservateurs (Reuchlin). Elle n'en continue pas moins de faire les « beaux jours » de la plupart des sociétés humaines.

Les degrés d'excès au-delà de la zone rouge globalisés en systèmes

Venons-en aux deux grandes formes de globalisation de degrés d'excès au delà de la zone rouge : les degrés d'excès abusifs de domination des hommes sur les femmes, les degrés d'excès abusifs du système capitaliste libéral économique.

Les degrés d'excès abusifs de domination des hommes sur les femmes

Cette domination en degrés d'excès abusifs est sans doute l'une des plus anciennes, sinon le plus ancienne de tous les systèmes globalisés de degrés d'excès au delà de la ligne, de la zone rouges. Elle n'a été radicalement mise en cause que tardivement. Elle semble être apparue, dès le début de l'humanité, dans toutes les sociétés sauf quelques exceptions. Des accommodements apparaissent à cette domination dans des sociétés matrilinéaires et matrilocales, c'est-à-dire où la descendance se fait par la mère et où le foyer familial est organisé autour de la mère. Ces sociétés représenteraient 20% des sociétés humaines connues depuis l'apparition de l'*homo sapiens.*

Des hypothèses peuvent être faites à propos de cet excès globalisé au delà de la ligne, de la zone rouges, excès de domination des hommes sur les femmes. La première est due à l'anthropologue Françoise Héritier. L'enfant, conçu dans le non-visible par ses parents, demeure invisible au père et à la mère, sinon par l'embonpoint progressif de cette dernière, pendant un temps à peu près égal pour toutes les grossesses. L'enfant apparaît, devient visible, pour la mère et pour le père, à sa naissance, mais avec cette différence, pour la mère, qu'elle l'a fait, nourri et porté, pendant le temps à peu près fixe de sa grossesse. L'hypothèse de Françoise Héritier est que, dès les débuts de l' histoire humaine, le père est tenté d'inscrire cet enfant dans sa descendance directe, l'excluant ainsi de la descendance directe de sa mère. Sur toute la surface de la terre, les sociétés ont été de préférence patrilinéaire, patrilocales et patrifocales. Pour compléter son hypothèse, François Héritier dit : les femmes font des filles comme leurs semblables, elles font des garçons comme différents. Je suis d'accord avec l'hypothèse de Françoise Héritier et pense qu'elle peut-être en grande partie démontrée.

Une deuxième hypothèse est, à mon avis, possible. reposant aussi sur la visibilité/invisibilité et sur l'extériorité/intériorité. Les organes sexuels de l'homme sont visibles, les organes sexuels de la femme sont invisibles. La dilatation et l'humidification de la vulve et du vagin, le gonflement du clitoris, invisibles, *ne font pas visiblement le poids* devant l'érection du pénis-phallus, l'émission du sperme. et les testicules, visibles. Ajoutons que cette visibilité-invisibilité est liée, par les organes sexuels, au plaisir et à la jouissance qui ne sont pas seulement physiques, mais ont à voir avec l'imaginaire humain, dans le plus intime de l' être humain.

Je pense que, par la visibilité de son pénis-phallus, de ses testicules, de son sperme, l'être humain-homme a pris un avantage illégitime sur la femme dont le clitoris, le vagin, les ovaires, l'humification dans la plaisir ou l'orgasme ne sont pas visibles. D'ailleurs on ne parle jamais des organes sexuels féminins ou très peu, on parle sans cesse des organes sexuels masculins. Je pense que l'excès illégitime de domination des hommes sur les femmes est né, non seulement de la volonté du père d'intégrer l'enfant-garçon devenu visible par la naissance, dans son lignage et du fait que la femme produit des êtres humains filles semblables à elle dominée et des êtres humains-garçons dominants différents d'elle dominée, mais aussi que cet excès illégitime est né de la visibilité des organes sexuels masculins et du sperme créant un réel apparent. Mais elle est née aussi de l'invisibilité des organes sexuels féminin et de leur humidification dans le plaisir et l'orgasme créant un réel in-apparent, refusé par les êtres humains-hommes et, plus ou moins, par les êtres humains-femmes. Bien d'autres hypothèses sont sans doute possibles, celle de Lacan, par exemple, disant que le fils *a* le phallus et que la fille *est* le phallus - Peut-être que, dans cette énigme - visible/invisible dans l'intime -, se produit aussi, selon moi, l'apparition du sacré toujours renvoyé à l'invisible par rapport au visible.

Que ce système de domination des hommes sur les femmes ait pris de formes variées selon les sociétés et leurs cultures, l'histoire et l'anthropologie en témoignent. On peut se demander si et comment l'extériorité/intériorité fondant le religieux est liée à la visibilité/invisibilité dans l'humain. On peut se demander aussi comment elle est liée à l'esclavage qui a duré, lui aussi, des millénaires. également aux châtiments corporels sur l'enfant, sur les excès de domination abusifs s'exerçant sur le plus faibles et les plus démuni(e)s.

En tout état de cause, l'hypothèse est t_ difficile à démontrer. Il y faudrait du document historique, archéologique et, aujourd'hui, de nombreux entretiens approfondis, des histoires de vie, des études de cas. et des analyses de discours.

Entre le XIII° siècle et le XVI° siècle européen, des transformations imprévues et un évènement ont amené des sociétés à privilégier l'objet, alors que, jusque là, partout et toujours, avait été privilégié le conflit amour/haine - le tsunami humain - Guildes, hanses, corporations sont créées, dès le XIII°siècle, dans les villes allemandes, anglaises, françaises, espagnoles, italiennes et sur les bords de la Baltique, par des marchands itinérants devenus sédentaires, par des serfs affranchis après un an et un jour de présence dans une cité franche, c'est-à-d-dire non fieffée, n'ayant pas de seigneur, par des nobles déclassés et par des artisans. Ces guildes, hanses, corporations sont créées *pour gagner de l'argent, s'enrichir.. L'enrichissement n'est plus seulement individuel, il peut être collectif, par petits groupes.* La découverte de l'Amérique, à la fin du XV° siècle, l'asservissement des populations amérindiennes, l'esclavage de la traite au XVI° siècle, augmentent les quantités d'or et d'argent qui circulent en Europe, Dans le même temps, comme le montre le beau roman de Marguerite Yourcenar *L'Oeuvre au noir*, l'individu et son corps sont devenus réellement objets de connaissance. Des hommes et des femmes en petit nombre commencent alors à combattre le système d'excès abusif de domination des hommes sur les femmes. Quand, au XIX° siècle, le féminisme apparaît, il dépasse aussitôt ses propres finalités, et s'inscrit dans un refus, une résistance, une guerre globalisés, non seulement contre le système d'excès abusif de domination des hommes sur les femmes, mais contre celui des plus puissants sur les plus faibles, des plus nantis sur les moins nantis. Dans le même temps, un type de société nouveau tente d'affirmer sa propre légitimité, en refusant de l'inscrire dans un extérieur à l'humain.

Le degré d'excès abusif de domination sociale et politique, dit capitalisme libéral économique

Je n'insiste pas ici sur les *idées toutes faites* accompagnant ce degré d'excès abusif: scientisme, instrumentalisme, technocratisme, économicisme, utilitarisme, etc. qui sont renforcées par celles précédemment citées spécifiées par la modernité.

Ce degré d'excès abusif, au delà de la ligne, de la zone rouge, on l'a appelé longtemps et on l'appelle encore le capitalisme. Mais, comme nous allons essayer de le montrer, il devient plus que le capitalisme.

Le système capitaliste s'est fondé, au XVI° siècle, dans la société moderne naissante. Des populations à qui, jusque là, l'usage de la terre était reconnu, en ont été dépossédées Du XVI° siècle au XVIII° siècle, en Grande Bretagne, surtout en son centre, des paysans furent dépossédés de l'usage de la terre par des marchands s'alliant aux lords (seigneurs) propriétaires. Ils furent remplacés par des moutons. Pour pouvoir vivre, ils en tissèrent la laine, soit sur place, soit dans des usines-manufactures créées par les marchands, soit dans des fabriques avec des machines. Au début du XIX° siècle, un évènement, le Blocus Continental, provoqué par l'empereur Napoléon pour combattre la Grande-Bretagne, empêcha l'importation de tissus anglais en Europe. Un premier capitalisme économique apparaît en France. Il est fait d'ouvriers-artisans, anciens apprentis ou compagnons. Leurs corporations, leurs jurandes ont été abolies par la loi Le Chapelier et par le décret d'Allarde sous la Révolution. Ce premier capitalisme est fait aussi d'ouvriers de manufactures embauchés par des ouvriers-marchandeurs au service de patrons non industriels, mais,banquiers et financiers. Le marchandage est un contrat de gré à gré entre un fils de paysan, de petit commerçant ou d'artisan et un ouvrier-marchandeur. (Cf .Didry). Ce contrat est soi-disant salarial, c'est-à-dire un don pour l'échange marchand économique . Une quantité de travail est donnée par un paysan devenu ouvrier, elle est reçue et une certaine quantité de monnaie est rendue à l'ouvrier en échange de cette quantité de travail. En réalité, comme en Grande-Bretagne, la somme versée à l'ouvrier est un « don » qui lui permet de subsister, pour pouvoir revenir au travail le lendemain.

A partir de la fin du XIX° siècle, dans un capitalisme de marchandage qui concerne désormais non seulement la France, mais l'Allemagne, l'Italie, la Russie, apparaît, en France et en Allemagne, l'amorce d'un droit du Travail. Il accentue la résistance des ouvrier(ère)s, puis des employé(e)s d'entreprises privées et publiques de services contre le marchandage et contre le soi-disant salaire. Ce dernier n'est qu'une pratique, bien au delà de la ligne, de la zone rouges, pour assurer la stricte subsistance de l'ouvrier(ère) et de l'employé(e).

Quelques *idées toutes faites* et leurs pratiques - que nous avons indiquées en début de rubrique - ont concouru, à partir du XVI° siècle, à mettre en place le système du capitalisme. Après la chute de l'Ancien Régime, le capitalisme va hanter, par sa présence réelle, la société et la démocratie. Il y demeure, bien qu'elle s'efforce de le repousser au plus loin. Il prend place non seulement dans la nouvelle dimension économique de cette société moderne, mais dans ses dimensions sociales et politiques.

La société moderne tolère le religieux qui, je l'ai dit, encastre souvent en lui l'alerte - *le* politique - et la zone rouge. Mais elle peut adopter les « religions séculières » qui, comme on l'a vu dans le nazisme et le stalinisme, les dictatures et les populismes, refusent l'alerte -*le* politique - , la ligne et la zone rouges. Dès le XVI° siècle, prévaut l'idée d'intérêt liée à la souveraineté royale, impériale, à base divine, puis à la souveraineté populaire. Mais la souveraineté populaire se manifeste aujourd'hui sous la forme d'une souveraineté oligarchique toujours liée à l'idée d'intérêt. Cette idée d'intérêt, dans la souveraineté oligarchique, est liée, aujourd'hui, à l'idée d'une autonomie de l'économique et de l'économie par rapport aux autres dimensions sociales et politiques de la société actuelle. Le capitalisme se présente comme une sorte de « religion séculière ». Les *idées toutes faites* que j'ai énumérées - naturalisme, racisme, sexisme, machisme, théorie des aptitudes innées, élitisme et leurs pratiques - viennent renforcer celles que j'ai également énumérées, plus spécifiques à l'excès global capitaliste - scientisme, technocratisme, instrumentalimse, économicisme, utilitarisme -. Telles quelles, elles tendent à se globaliser et à unifier, sans y parvenir, les types de société et les cultures.

Une nouveauté, qui tend à dépasser le capitalisme dans son propre excès abusif, c'est sa financiarisation. C'est celle non seulement de l'économique et de l'économie, mais du capitalisme global humain. Celui-ci se trouve en quelque sorte dépassé dans ses propres excès au delà de la ligne, de la zone rouges. L'illimitation et l'illimité tentent de remplacer ce qui est encore de l'ordre des degrés d'excès au delà de la ligne, de la zone rouges. Autrement dit, ceux et celles - des êtres humains - qui ont conscience d'avoir franchi cette ligne, cette zone rouges cessent de s'en soucier et s'enferment dans leur propre illimitation et leur propre illimité.

Ce que j'ai manqué de dire dans d'autres ouvrages et qu'une réflexion sur le « pouvoir de l'excès », faite par un autre que moi (Zimra), a mis en lumière, c'est que l'illimitation et l'illimité ne sont pas (ou plus) l'excès. Ils le remplacent. Les limites des degrés d'excès sont en deçà de la ligne, de la zone rouges. Ceux et celles qui ne l'ont pas franchie le savent. Celle-ci franchie, au delà d'elle les limites des degrés d'excès demeurent encore perceptibles, visibles. Ceux et celles - des êtres humains ou des petits groupes - qui franchissent la ligne, zone rouges savent qu'ils la franchissent. Quand ils l'ont franchie, ils le savent aussi. Ils le savent, l'ont su partout et toujours. Comme on peut le montrer par des exemples que je laisse aux lecteurs et lectrices le soin de citer.

Ceux et celles - des êtres humains ou des petits groupes qui entrent dans l'illimitation et l'illimité ne se donnent plus, en toute conscience, volontairement, parce qu'ils le peuvent, le veulent et que c'est leur désir, ni le temps, ni l'espace de la ligne, de la zone rouges. Ils ne se donnent même plus l'objet qui est à l'origine de leur pouvoir, volonté, désir, choix, décision, partition entre le raisonnable et le déraisonnable.

Les financiers européens, chinois, états-uniens forment une sorte de carré de joueurs, comme au Monopoly. L'idée est actuellement de faire disparaître les dettes publiques, celles des Etats, notamment celles des Etats-Unis. La dévaluation de l'euro et du dollar y contribue. Le dollar, l'euro ont perdu une bonne partie de leur valeur. Une sorte d'inflation continue de se produire, qui fait disparaître les dettes publiques. Actuellement en Europe, la Banque centrale continue à prêter aux banques qui prêtent aux Etats. Mais les taux d'emprunt sont au plus bas, au point qu'on parle de distribuer de l'argent sans intérêt. Les Chinois qui ont trois milliards de dollars de réserve risquent de les voir se dévaluer. Pour placer leurs dollars, ils achètent, autant qu'ils le peuvent, des biens immobiliers, par exemple le port du Pirée à côté d'Athènes.. Ils ont prêté aux Etats-Unis des millards de dollars provenant des produits qu'ils leur ont vendus :

Tout se joue dans une spéculation gigantesque où s'échangent, dans les Bourses, des sommes énormes derrière lesquelles le produit fabriqué, résultant du travail accompli pour le produire, disparaît. Il a été vendu aux citoyens et citoyennes des pays ou à l'exportation. .Pour les grands financiers, la spéculation ne fait de ces derniers et dernières que des consommateur(trices),), rien de plus. La vie sociale, collective, économique, politique de ces citoyens et citoyennes n'intéresse pas le spéculateur ; s'ils/elles ne lui sont pas utiles, il les laisse tomber. Les salaires sont

calculés, du haut de la classe moyenne jusqu'à la catégorie des ouvrier(ère)s OS dans la classe ouvrière. Ils le sont de telle sorte qu'ils maintiennent au maximum, dans les marchés réglementés, la plus grande partie du profit, non pour des investissements ou des ré-investissements ou pour des extensions de la production, ce qui serait un moindre mal, mais, aussi bien dans les entreprises privées que dans celles publiques plus ou moins privatisées, pour le reverser aux grands managers sous forme de salaires et de stock-options. Mais il est reversé surtout aux gros actionnaires ; ceux-ci en arrivent à bénéficier de rendements à plus de 20% sur leurs placements.   Les sommes ainsi obtenues peuvent entrer dans la gigantesque spéculation entre grands financiers des Etats-nations les plus puissants. Les gains et les pertes de ces grands financiers spéculateurs servent de référentiel permanent aux dirigeants des grandes entreprises, pour orienter au mieux, dans les marchés réglementés, la production et la consommation. Ce n'est apparemment plus l'équilibre de l'offre et de la demande entre les prix des produits vendus et achetés sur les marchés réglementés, équilibre assuré par la « main invisible », qui importe. Un produit vaut sur le marché par son attraction sur le cIient, entretenue par une certaine publicité celle qui n'informe pas, mais crée l'illusion. Le produit vaut aussi par la rapidité avec laquelle il est consommé ; celle-ci peut-être techniquement produite par l'obsolescence programmée, c'est-à-dire par un degré d'usure fixé à l'avance par le producteur. L'écart entre le prix de revient—celui de la fabrication - et le prix de vente résulte certes de la plus-value, c'est-à-dire des sommes récupérées sur de prétendus salaires réduits à la subsistance de l'ouvrier(ère) ou de l'employé(e) quand il s'agit d'un service, mais aussi de la majoration du prix de vente de certains produits ou services ou de la grande quantité de produits vendus à bas prix, de mauvaise qualité et rapidement consommés.
C'est avec l'argent venu de la consommation et des salaires à la baisse sauf pour une petite partie de la population des sociétés les plus riches, que le spéculateur, dans l'illimitation et l'illimité, gagne ou perd,. Il prête à celui qui a perdu pour qu'il regagne la table et demeure dans le jeu. Du coup, le cours de l'or s'envole. L'or est une valeur sûre comme l'immobilier et les biens précieux (bijoux, etc..)

En ce qui concerne la Russie, actuellement l'Etat russe n'est pas partenaire dans la gigantesque partie que jouent, entre financiers, les Etats-Unis, la Chine et l'Europe. En revanche ceux qu'on appelle les oligarques russes y participent en tant que particuliers.. Il faut retenir aussi que la Chine n' a été autorisée que récemment à acheter de l'or à l'extérieur. d'elle-même et ce sont des particuliers qui emmagasinent des réserves d'or, quitte à les rétrocéder à l'Etat chinois lorsque ce dernier les leur demandera.

Les Etats-nations les plus puissants sont donc partie prenante dans ce gigantesque Monopoly, dans la mesure où, par la hausse et la baisse des monnaies, leurs dettes publiques seraient effacées. Ce rapprochement indu entre le public, en l'occurrence la politique, et le privé place ces Etats-nations, bien au delà de la ligne, de la zone rouges, dans un no mand's land qu'ils ne maîtrisent guère. Leur référentiel risque de devenir le même que celui des grands managers et des actionnaires des grandes entreprises privées et publiques.

L'effacement des dettes publiques à plus ou moins long terme ne rendra pas l'Etat plus distributeur qu'il ne l'est actuellement. Les emprunts pour solder les dettes financières entre grands financiers, pour créer d'autres dettes entre eux n'augmenteront pas les salaires des hauts et moyens fonctionnaires, des moyens et petits employé(e)s, en core moins ceux des ouvrier(ère)s, ni les allocations de chômage, ni les minimas sociaux quand il y en a.

La seule solution actuelle est, si elles faiblissent, de remettre à flot les banques., Ceux qui y perdent en tout état de cause, ce sont les petit(e)s consommateurs(trices) salarié(e)s, tous, et toutes travailleur(euse)s au SMIC, les ouvrier(ère)s, les chômeur(euse)s, les précaires et les sans abri. Ils sont suffisamment nombreux dans le monde, pour inquiéter les grands financiers. Ceux-ci vivent et agissent en vase clos, en s'appuyant non seulement sur les petit(e)s consommateurs(trices), mais sur les grands consommateurs et les hyper-consommateurs(trices) (Cf Boltanski). Ces financiers/financières sont des êtres humains comme nous, comme moi, mais leur « insondable mépris « pour tous ceux, celles qui ne sont pas eux-mêmes, elles-mêmes - mépris qu'ils ont voulu, désiré, choisi - fait d'eux, dans certaines strates du social, des privilégiés, mais surtout des tenants de cette « religion séculière » perverse qu'est non seulement le capitalisme, mais tout ce qui, dans l'illimitation et l'illimité, le dépasse. C'est pourquoi je ne souscris pas à la thèse d'un de mes amis qui pense, lui, que la spéculation illimitée est un « faux nez » qui cache la réalité économique actuelle, c'est-à-dire la nécessité, selon lui, de faire revenir dans les Etats-Nations les entreprises délocalisées, surtout lorsqu'il s'agit de multi-nationales. Car leur retour assumerait un meilleur niveau de l'emploi et une diminution du chômage. La thèse a certainement une part de vrai, mais elle laisse de côté totalement la « subjectivité » du libéralisme économique et sa vocation affirmée, quasi « religieuse », à l'illimité. On peut se demander si Stendhal n'en fut pas quelque peu conscient, lui qui lisait avec application J.B Say et les économistes de son temps.

Je pense qu'il faut distinguer, à partir de l'excès, d'une part l'illimitation et l'illimité, d'autre part la finition, le fini, la définition et l'infini. L'excès se situe *en deçà* et *au delà* de la ligne, de la zone rouges. Il vient du conflit amour/:haine - le tsunami humain - . dans ses rapports, par le corps ayant cerveau humains, avec moi-même, avec soi-même, avec l'autre, avec les autres, avec autrui. Le refus de l'alerte, du   politique et de la ligne, de la la zone rouges entraîne, par le franchissement voulu, désiré de cette ligne, de cette zone rouges connues néanmoins de tous et de toutes,, le débordement du conflit amour/haine - le tsunami humain . Soit du côté de l'amour, soit du côté de la haine, ce débordement détruit. Tant que les degrés de l'excès demeurent, par mon, notre choix, par ma, notre décision, en deçà de la ligne, de la zone rouges, le débordement du conflit amour/haine - le tsunami humain - demeure lui-même limité.

Mais lorsque l'excès en arrive, par son propre dépassement, aujourd'hui dans le capitalisme libéral économique comme « religion séculière » perverse, à créer l'illimitation et l'illimité, ces derniers viennent, comme je l'ai dit, en quelque sorte remplacer l'excès. Ils fragilisent, dénient, tendent à faire disparaître, y compris dans la mémoire individuelle et collective, la place, la signification et le sens des êtres humains. de ce qu'ils pensent, de ce qu'ils désirent et de ce qu'ils font.

L'infini se place, selon moi, dans la perpective de la finition, du fini qui ne le sont jamais complètement, même après la mort de quelqu'un, mais aussi dans celle de la définition, du défini. Les termes de finition, de fini signifient, à propos d'un ouvrage donné, qu'on le travaille jusque dans ses plus petits détails, pour qu'il soit le plus parfait possible. La dé-finition et le dé-fini signifient, selon moi, qu'une ,limite provisoire est donnée à ce que l'on pense, réfléchit, recherche, fait.

L'infini est l'ouverture vers l'inconnu, le non déterminé d'avance, l'indéterminé,. l'horizon non fixé, mais néanmoins recherché. L'indétermination signifie toujours « creuser l'inconnu » (Lefort), chercher l'indéterminé, l'accomplissement d'un peu d'infini, par exemple en astrophysique ou en cosmologie.

Mais, dans certaines utopies qui passent à la pratique, l'indétermination, l'indéterminé, l'infini, par le débordement du conflit amour/haine - le tsunami humain -, franchissent la ligne, la zone rouges. C'est le cas dans le fascisme, le nazisme, mais aussi dans le fanatisme religieux - l'intégrisme - ou civil - le droit de l'homisme des Américains, par exemple en Irak ou en Afghanistan.

Mais toutes les utopies ne sont pas destructrices, comme l'a montré Miguel Abensour. Quand elles demeurent en deçà de la ligne, de la zone rouges, ce sont souvent elles qui apportent l'espoir, donnent leur ciment au refus, à la résistance, à la guerre contre les totalitarismes, les dictatures nationalistes, contre le capitalisme et son dépassement dans l'illimitation et l'illimité.

Ajoutons que la distinction sacré/profane avait toujours été posée dans les sacrés et les religions. Que devient-elle dans le religieux, dans le civil ? Peut-on parler, comme nous l'avons fait, d'un sacré civil/civique ? Y a-t-il toujours dans l'humain un « noyau anthropologique » religieux ? Quelle est sa nature sociologique, anthropologique ? Toutes questions qui renvoient, dans la société nouvelle, selon moi, à l'intime dans l'entre nous, dans l'entre-soi, dans l'entre-moi, dans l'entre-un et dans l'entre-autre. Questions auxquelles il faudra, un jour, tenter de répondre.

CONCLUSION

Il serait bien difficile de faire le bilan, d'ailleurs sans grand intérêt et peu concevable, de ce que sont actuellement, sous les désignations que je leur ai données, le « tsunami humain », l'alerte - *le* politique - et la ligne, la zone rouges. Tout au plus puis-je dire, avec ceux et celles qui, plus ou moins en conviennent, que s'offrent aux nouvelles générations trois perspectives qui ne sont entre elles ni supérieures ni inférieures les unes aux autres.

La première est de vivre ma/notre vie individuelle et collective, en tentant de demeurer autant que possible approximativement en deçà de la ligne, de la zone rouges. Cela s'est toujours vérifié et se vérifie toujours pour la plupart des êtres humains, qu'ils soient seuls ou en groupes.

Cette persistance dans l'en deçà, n'empêche ni les désirs, ni les échanges, ni les imaginaires, ni les technologies, ni ls inventions diverses, ni l'art, ni les cultures, ni les utopies positives ; elle est déjà aujourd'hui une manifestation à la fois implicite et explicite contre les excès abusifs spécifiés et contre ceux apparaissant dans les sociétés qui font entrer en elles un peu ou beaucoup du « modèle nouveau ». Ces sociétés ont à lutter contre des degrés d'excès abusifs globaux, notamment contre les degrés d'excès, au delà de la la ligne, de la zone rouges, de la domination des hommes sur les femmes ou/et contre l'excès global capitaliste libéral économique avec son dépassement dans l'illimitation et l'illimité.   Notons que l'abolition de l'esclavage montre qu'un excès global de domination illégitime qui a duré des millénaires peut quasi complètement disparaître.

La seconde perspective, qui peut évidemment se concilier avec la première, c'est le refus, la résistance explicites, sous les formes les plus diverses - indignations publiques, associations, écrits, manifestations, etc - contre les degrés d'excès spécifiés de la société nouvelle au delà de la ligne, de la zone rouges et contre les systèmes d' excès globalisés abusifs qui menacent de faire disparaître l'humanité. Je donnerai comme exemple celui d'une jeune femme, n'appartenant à aucune religion particulière ; indignée par l'accueil fait aux réfugié(e)s en France, elle a fondé une association. Chaque jour, après ses huit heures de travail dans un bureau administratif, avec les membres de son association elle aide des réfugié(e)s à s'en sortir.

Ces refus et ces résistances, pour nous en tenir à la société nouvelle, se manifestent autant qu'ils le peuvent depuis la naissance du « nouveau modèle » au XVI° siècle. Notre espoir est que, à gauche et quelquefois à droite - Simone Veil et Geneviève de Gaulle, fondatrice d'ATD Quart Monde, que je sache, ne militaient pas à gauche, ils prennent de plus en plus de l'ampleur. C'est dans cette perspective que je me situe.

La troisième perspective est, selon moi, autant que faire se peut, la guerre ou plutôt la guérilla contre les degrés d'excès spécifiés et contre ceux d'excès globalisés au delà de la ligne, de la zone rouges .Il s'agit aussi d'une guérilla contre les degrés d'excès qui risquent d'apparaître à leur suite. Elle est déjà menée, par exemple par des révoltes sporadiques ou durables en Amérique latine. Elle l'a été par la lutte armée contre le colonialisme.. Elle se poursuit par des mouvements en gestation - dont je souhaite qu'ils s'amplifient - comme le convivialisme, la décroissance, Attac et beaucoup d'autres en France et à l'étranger. Elle se manifeste également et surtout par un écartement maximum, individuel et collectif, des sollicitations abusives, individuelles, de groupes, politiques au sens de dévoiement des repères-limites dans l'alerte - *le* politique - ; ces sollicitations viennent de publications mensongères ou d'individu(e)s corrompu(e)s - ils/ elles ne le sont pas tous(tes), loin de là -. Elles peuvent venir aussi de moi-même, de soi-même, de l'autre, des autres, d'autrui, autrement dit des objets humains. Elles peuvent venir des rapports des êtres humains avec des objets vivants - cruauté vis à vis des animaux - et les choses et surtout les objets fabriqués. Beaucoup de ces derniers sont produits, formatés uniquement pour l'enrichissement et la spéculation du cartel mondial. Ils n'en existent pas moins et exercent sur nous leur effet de fascination auquel il est souvent difficile de résister. Sur sa gigantesque table, le cartel - les grands possédants, les tout-puissants économiques - compromettent le et la politique : grands capitalistes américains, oligarques russes, totalitaires chinois par exemple ralliés au socialisme de marché qui est, ni plus ni moins le capitalisme libéral économique.. Ils jouent plus ou moins le destin de notre humanité, de nous humains présents et à venir. Le passé peut servir parfois à mieux comprendre le présent et l'avenir que nous voulons, désirons, choisissons, que vous voulez, désirez, choisissez.

Les combattants, les guérilleros ont existé, existent, en plus ou moins grand nombre. Ils ont été, sont et seront obligés, surtout matériellement, d'utiliser les techniques, les technologies, les productions et les produits des degrés de l'excès globalisé propre non seulement à cette « religion séculière » perverse et destructrice qu'est le capitalisme libéral économique, mais aussi à son dépassement dans l'illimitation et l'illimité, ce qui tend à remplacer l'excès illégitime. par le pire des excès. Ils ont été, sont, seront obligés d'utiliser les moyens de transport, de diffusion du culturel, les produits de consommation, la nourriture conditionnée, les objets fabriqués en usine par des ouvrier(ère)s exploité(e)s, les services fournis par des entreprises dont les employé(es, à la base, sont également exploités. Il ne s'agit pas, pour combattre les idées toutes faites, le capitalisme, l'illimitation et l'illimité, de revenir à la diligence, aux bougies et à la seule vie rurale. Mais, par leur prise de conscience du conflit amour/haine inhérent à la condition humaine, par celle de l'alerte - *le* politique - et de ses repères limite, par celle de la ligne, de la zone rouges, espace et temps où leurs pouvoirs, leurs volontés, leurs désirs, leurs choix, leurs décisions, leur partition entre le raisonnable et le déraisonnable se font et peuvent continuer à se faire, ces combattants-guérilléros actuel(le)s et futurs contribuent et contribueront, avec tous et toutes et tout(e) un(e) chacun(e), à une vie sociale et *politique* en commun et à un monde meilleur. Ajoutons qu'il ne faut pas être trop pressé et que ce ne sont pas la rapidité et le coup de force qui arrangeront les choses et nos vies. Une mère qui se bat pour rendre aussi heureux que possible son enfant malade en fait peut-être plus, selon moi, contre l'excès de domination politique, social et économique, qu'un ou une militant(e) assoiffé(e) d' «avenir radieux ».